中医药文化传播丛书

天津中医药大学“双一流”建设成果

天津中医药文化进校园研究项目资助

# 全国中医药文化进校园研究与实践

丛书主编　张伯礼　王建国

主　　编　毛国强

天津出版传媒集团

天津科技翻译出版有限公司

天津社会科学院出版社

**图书在版编目(CIP)数据**

全国中医药文化进校园研究与实践 / 毛国强主编
.—天津：天津科技翻译出版有限公司：天津社会科
学院出版社,2021.6
(中医药文化传播丛书 / 张伯礼，王建国主编)
ISBN 978-7-5433-4116-6

Ⅰ.①全… Ⅱ.①毛… Ⅲ.①中国医药学-活动课程
-中小学-教学参考资料 Ⅳ.①G632.3

中国版本图书馆 CIP 数据核字(2021)第054351号

| | | |
|---|---|---|
| **出　　版**: | 天津科技翻译出版有限公司 | 天津社会科学院出版社 |
| **地　　址**: | 天津市南开区白堤路244号 | 天津市南开区迎水道7号 |
| **邮政编码**: | 300192 | 300191 |
| **电　　话**: | (022)87894896 | (022)23360165 |
| **传　　真**: | (022)87895650 | (022)23075303 |
| **网　　址**: | www.tsttpc.com | www.tass-tj.org.cn |
| **印　　刷**: | 天津新华印务有限公司 | |
| **发　　行**: | 全国新华书店 | |

**版本记录**: 710mm×1000mm　16开本　12.625印张　彩插1.5印张　220千字
2021年6月第1版　2021年6月第1次印刷
定价:68.00元

# 丛书编委会

# 本书编委会

主　编　毛国强

副主编　陈红梅　薄　彤

编　委（按姓氏笔画排序）

毛俪璇　吕　梅　朱媛媛　安岩峰　李　鹏

李兰兰　张　丽　张海涛　赵松涛

# 丛书前言

2020年初，新冠肺炎疫情在国内蔓延。在党中央的正确领导下，全国人民万众一心，投入这场疫情防控阻击战中。仅仅不到两个月的时间，全国范围内的疫情已基本得到控制。作为中央督导组专家，我在一线经历了战“疫”的全过程。回顾这几个月的新冠肺炎治疗过程，中医药全程参与，在战“疫”中发挥了重要作用。来自全国29个省(市、自治区)的院士、专家和4900余名中医药人员驰援湖北，组建5批国家中医医疗队，以中医药治疗为主，承包了武汉江夏方舱医院。全国使用中医药治疗占比达90%以上，尤其是在全面严格隔离中推行“中药漫灌”、普遍服用中药、中医药进方舱、重症患者中西医结合救治、恢复期中西医结合康复治疗等。我们同时向数十个国家和地区援助中医药方、中成药等，与世界共享中医药抗疫经验，为全球抗疫贡献力量。

中医药在3000年来防治疫病的实践中积累了丰富的成功经验，形成了完备的理论体系，是祖先留给我们的宝贵财富。此次中医药在抗击新冠肺炎疫情中打了一场漂亮仗。在没有特效药、没有疫苗的情况下，我们使用有效的中医药方案，显著降低了由轻症转为重症的概率，提升了治愈率，降低了死亡率，成为“中国方案”的亮点。2020年6月2日，在北京人民大会堂，习近平总书记主持召开专家学者座谈会并发表重要讲话。我代表中医药界向习总书记汇报了中医药在疫病防治中的工作和贡献。习总书记指出，中西医结合、中西药并用，是这次疫情防控的一大特点，也是中医药传承精华、守正创新的生动实践。中医药在抗击新冠肺炎中发挥了重要作用，全国人民都看到了。听到习总书记的肯定，我十分激动，全国中医药人都感到无上光荣和自豪。

中医药学源远流长，它凝聚了中华民族宇宙观、生命观、人生观的精华，同时也吸收了其他学科的知识成果。几千年来，中医药文化硕果累累，名医辈出，一直守护着中华儿女的身心健康。中医药的价值不仅体现在精深的医学知识上，还体现在丰厚的文化内涵上。中医药文化具有强大的生命力和持续的创造力，是理解和传承中华优秀传统文化的重要抓手。

《中华人民共和国中医药法》的颁布、国务院新闻办发表《中国的中医药》白皮书，标志着中医药发展上升为国家战略，中医药事业进入新的历史发展时期。2019 年 10 月，全国中医药大会在北京召开，习近平总书记对中医药工作做出重要指示。他指出，中医药学包含着中华民族几千年的健康养生理念及实践经验，是中华文明的一个瑰宝，凝聚着中国人民和中华民族的博大智慧。习总书记强调，要遵循中医药发展规律，传承精华，守正创新，为建设健康中国、实现中华民族伟大复兴的中国梦贡献力量。

中医药是中华优秀传统文化的重要组成部分，需要我们好好传承与保护。在中共中央、国务院发布的《关于促进中医药传承创新发展的意见》中，特别提出要"实施中医药文化传播行动，把中医药文化贯穿国民教育始终，中小学进一步丰富中医药文化教育，使中医药成为群众促进健康的文化自觉"。因此，我们要通过多种形式向广大民众传授基本的中医药文化知识，使他们了解中医药在日常生活、传统习俗、文学艺术等方面的文化内涵，尤其要在广大青少年心中播撒下热爱中医药文化的种子。2020 年 6 月 1 日，我特别给天津市中医药文化进校园试点校学生们回信，勉励他们利用素质拓展课多学习中医药文化知识。

可喜的是，2017 年至今，在天津市卫生健康委员会、天津市中医药管理局、天津市教育委员会高度重视和大力支持下，天津中医药大学获得包括"中医药文化进校园"在内的 10 余个中医药文化传承课题立项资助。与此同时，由天津市卫生健康委员会与天津中医药大学共建，天津中医药大学文化与健康传播学院院长毛国强教授领衔的天津市中医药文化研究与传播中心，积极开展中医药文化研究工作，组织了形式多样的中医药文化主题大众传播活动，《中医药文化传播丛书》即是其中的重要成果。2019年,《中医药文化传播丛书》正式出版,包括5册:《中医药文化精选读本(小学版)》《中医药文化精选读本(中学版)》《中医名家谈节气养生与文化》《中医药文化概览 (英文版)》《读故事 识本草——中药入门读本(中英双语版)》。这5册书的读者范围涵盖青少年、中老年,以及外国留学生和来华工作、旅行者,可以成为国人乃至世界了解和学习中医药文化的好帮手。2020年,天津市中医药文化研究与传播中心团队再接再厉,在不到一年的时间里推出《中医药文化传播丛书》第二辑,包括3册:《中医名家谈节气防病与文化》《天津中医药文化传播发展报告(2016—2020)》《全国中医药文化进校园研究与实践》。

《中医名家谈节气防病与文化》系2019年出版的《中医名家谈节气养生与文化》的姊妹篇。两部书珠联璧合,相辅相成,以中医的理念、方法帮助读者强身健体、预防疾病。此书仍然是我校团队邀请中医名家在天津《中老年时报》颐寿专栏刊稿的基础上扩展而成,倾注了6名院士、9名国医大师、10余位全国及省级名中医等众多中医名家的心血。他们将医学知识用通俗易懂的语言、生动形象的表述,为读者悉心讲授节气防病的要诀。值得一提的是,编者们在这本书中增加了节气民俗、节气诗歌的篇幅,且非常荣幸地邀请到海内外享有盛名的古诗词大家叶嘉莹先生为此书作序,并收入了她写的四首关于春、夏、秋、冬的诗作,还新增了药名诗词的内容,这些都为新作增色不少。相信读者在了解节气防病知识的同时,能够真切地感受到中医药文化与中华优秀传统文化之间水乳交融、血脉相通的联系。我相信,在后疫情时代,人们会更注重中医养生与防病,相信这本书一定会大受欢迎。

《天津中医药文化传播发展报告(2016—2020)》以事实和数据为依据,深入梳理、总结和分析"十三五"期间天津市中医药文化发展中的重要成果、存在的不足,探索发展思路,提出解决方案,对于将来更好地进行中医药文化的发展与推广具有较高的学术价值和工作指导意义。在此领域,这本书的出版在天津市应该尚属首次,体现了天津市中医药文化研究与传播中心团队的使命与责任担当,值得肯定。

近年来，天津市各级政府、行业学会十分重视中医药非物质文化遗产保护和传承，但由于诸多因素影响，保护、传承与传播的力度还不尽如人意，尚需加强。中编最后一章反映的是天津中医药大学中医药文化研究团队近年来针对我国中医药非遗保护、传承与传播的现状、存在的问题及对策展开的论述，并对近年该团队所做的工作、取得的初步成果进行了梳理。

《全国中医药文化进校园研究与实践》紧紧围绕面向青少年的中医药文化传承这一主题，是天津中医药大学“中医药文化进校园”项目组连续3年项目成果的结晶。此书既有理论探讨，又有实践总结；既立足天津，又放眼全国；既给出具体结论，又提供文献线索，可以说是我校“中医药文化进校园”项目组数年来研究与实践的一次阶段性的汇报，但愿能够抛砖引玉，达到与全国同道交流的目的。

本套《中医药文化传播丛书》的编写和出版，一如既往地得到众多中医药人及社会各界的帮助和支持。参与编写工作的我校老师、12名中医学博士生，以及天津市中医药学会、各区卫生健康委员会同仁全情投入、认真负责，较好地完成了预定任务。

丛书付梓之际，我们衷心希望能为中医药守正创新、传承精华，为健康中国建设，为提升人民群众健康素养做出有益贡献，同时也希望得到好的意见和建议，以利后进。

中国工程院院士

天津中医药大学校长

张伯礼

2021年1月于天津团泊湖畔

# 前　言

中医药文化进校园，是传承发展中华优秀传统文化的重要路径和手段，也是传承发展中医药事业的重要保障。2016年2月，国务院发布的《中医药发展战略规划纲要(2016—2030年)》提出，推动中医药文化进校园、进社区、进乡村、进家庭，将中医药基础知识纳入中小学传统文化、生理卫生课程。2017年1月，国家中医药管理局印发了《中医中药中国行——中医药健康文化推进行动实施方案(2016—2020年)》，明确提出"实施中医药文化进校园行动"。2019年10月，中共中央、国务院发布的《关于促进中医药传承创新发展的意见》中强调，加强中医药文化的传承。在国家实施"健康中国"战略的大背景下，在国家中医药管理局的大力支持下，天津、北京、浙江等全国多个省市地区的卫生部门、教育部门积极开展了各种形式的中医药文化进校园活动，推动面向青少年学生中医药文化的传播传承，并取得了一定的成效。

《全国中医药文化进校园研究与实践》一书是天津中医药大学中医药文化研究与传播中心(以下简称"传播中心")编写的第二辑《中医药文化传播丛书》其中的一册，是天津市卫生健康委员会中医健康素养促进项目之"中医药文化进校园"项目，是天津中医药大学团队2017—2019年连续3年开展项目研究与实践的成果，也是天津中医药大学文化与健康传播学院等部门承担"双一流"建设——文化传承与创新板块的可喜成果。同时，中医健康素养促进项目组和书稿编委会放眼全国，旨在梳理、总结、分析天津和全国各地组织实施中医药文化进校园的经验、模式、效果和不足等，希望达到与全国同道交流互鉴的目的。

2020年初，编写组在传播中心主任毛国强教授的带领下组建了编委会，启动了本书的编写工作。编委会成员均是天津中医药大学"中医药文化进校园”项目骨干，他们是来自天津中医药大学文化与健康传播学院、中医学院等学院的师生。自2017年开始，连续3年参与天津市“中医药文化进校园”项目的研究，《中医药文化精选读本(中小学版)》的编写，系列活动的组织、策划、实施等工作。经过一年多的筹备、撰写和反复修改，即将付梓。

本书共分为五篇。在第一篇，我们收录了张伯礼院士有关中医药文化进校园的讲话汇编，全国政协委员张其成教授《关于进一步深化落实中小学中医文化教育的提案》以及教育部《关于政协十三届全国委员会第三次会议第2844号(教育类268号)提案答复的函》，均表明了无论是国家教育部门，还是中医名家、学者都对中医药文化进校园给予了高度的重视。第二篇《国内“中医药文化进校园”研究》，通过相关文献梳理，对全国“中医药文化进校园”活动形式和天津市“中医药文化进校园”形式进行了梳理分析。第三篇《国内中医药文化读本编写研究》，针对近年来出版的40余种面向中小学生的中医药文化知识读本，从读本适用对象、知识内容、表达形式、图文设计、文字深浅等方面进行经验总结和问题分析，并提出对策和编写方案。同时对天津中小学生中医药文化读本认知情况进行调查分析，为编写易于被中小学生接受的中医药文化读本内容和形式提供依据。并详细介绍了天津版读本的整体规划、人员安排、调查研究、编写过程和发放情况。第四篇《天津市中小学生中医药文化认知调查分析》，介绍了天津中医药大学课题组联合《今晚报》社传媒发展研究所对中小学生和市民、相关领域专家开展了广泛问卷调查和访谈情况，希望为中医药文化更好地传播提出合理建议。第五篇《“中医药文化进校园”文献综述》，对知网收录的30篇与中医药文化进校园相关的文献进行研究，分析中医药文化进校园的模式、调查研究、实践研究、经验介绍及存在问题和对策，并选录了湖南中医药大学何清湖教授、天津中医药大学毛国强教授等撰写的《中医药文化进校园重在进课堂》等6篇具有代表性的中医药文化进校园相关研究论文，这几篇论文分别从中医药文化如何进课堂、中医药文化传承与大众传播实践探索、小学生中医药文化读本编写体会、中医药文化进校园现状及对策、面向中小学生的传播策略研究和中医药文化国际传播中的认知调查等角度对中医药文化进校园进行了多维度研究分析，以供交流学习。

作为天津中医药大学中医药文化研究与传播中心编撰的第二辑《中医药文化传播丛书》中的一册，此书的编写得到了中国工程院院士、天津中医药大学校长张伯礼教授的具体指导，张教授欣然为丛书拨冗作序，编委会深感荣幸。

同时，感谢天津市卫生健康委员会、天津市教育委员会有关领导及中医处、体卫劳处相关处室近4年来对中医药文化进校园项目组在开展研究和实践中给予的大力支持和帮助；感谢参与天津市中医药文化进校园活动的20多所中小学试点校师生的支持；感谢天津市教研室、各界咨询专家等的悉心指导；感谢天津中医药大学科研处、教务处、天津市中医药文化研究与传播中心（天津中医药大学中医药文化研究与传播中心）、文化与健康传播学院、中医学院、中药学院、针灸推拿学院等参与项目及此书编写老师、同学们几年来的辛苦付出。

本书不足之处，还请广大读者朋友提出宝贵意见。

《全国中医药文化进校园研究与实践》编委会

天津中医药大学中医药文化进校园项目组

2021年1月

# 目　录

## 第一篇　各界高度重视中医药文化进校园



## 第二篇　国内“中医药文化进校园”研究

# 第一篇

## 各界高度重视中医药文化进校园

# 推动中医药文化进校园意义重大

## ——王国强会长在“中医药文化进校园”校长研讨会上的讲话

今天与各位教育界的精英共同探讨推动中医药文化进校园这一议题，我既感到十分高兴，又体会到责任之重大。敬教劝学，建国之大本；兴贤育才，为政之先务。作为民族的凝聚力和生命力的根本所在，中国传统文化是中华民族生生不息、代代传承的精神血脉，而教育则是此精神血脉得以延续的载体和先机。“蒙以养正”，民族文化传承的根基和希望在孩子，推动中医药文化进校园，既有培育人才的现实意义，更有弘扬中华文化的历史意义。

推动中医药文化进校园，有助于增进青少年对中华优秀传统文化的了解与认同，增强学生的文化自信、民族自信。习近平总书记指出，中医药学凝聚着深邃的哲学智慧和中华民族几千年的健康养生理念及其实践经验，是中国古代科学的瑰宝，也是打开中华文明宝库的钥匙。中医药文化具有丰富的人文精神和哲学内涵，其强调的“天人合一”“阴阳平衡”，体现了中华文化“道法自然”“和合致中”的核心哲学智慧，是中华优秀传统文化传承和传播的重要抓手和路径。基础教育是国家发展的基石，具有传承传统文化精粹的责任和义务。有针对性地开展中医药文化进校园活动，发挥其在儿童潜能开发、人格培养、道德塑造等方面潜在的巨大作用，有助于延续中华文化基因，培养青少年的民族自信心和自豪感，从根源上树立中华民族的文化自觉和文化自信，提升国民人文素质、文化修养和道德水平。

推动中医药文化进校园，有助于帮助青少年提升健康素养，养成健康的行为方式和生活习惯，提升学生个人综合素质和能力。中医药根植于中国传统文化的沃土，通过不断吸收和融合各个时期的先进文化、科学技术，不断创新发展，积累了丰富的健康养生理念及实践经验。比如，在疾病预防方面，倡导“治未病”，强调未病先防、既病防变、病后防复发；在健康促进方面，强调顺应自然、形神共养，根据生命发展的规律，采取调饮食、慎起居、适寒温、和喜怒等措施，从而达到保养身体、减少疾病、增进健康、延年益寿的目的。推动中医药文化进校园，可以帮助学生增强健康意识，养成良好的生活习惯，从而提高身体素质。据我所知，不少地区在推动中医药文化进校园方面，已经进行了有益的探索，比如北京市东城区大方家幼儿园在开展中医药文化进园活动 1 个月后，不同年龄段的儿童出勤率平均高出 10%。

## 开展中医药文化进校园恰逢其时

当前，党中央、国务院对继承发展中华优秀传统文化日益重视，坚定不移地推动中医药事业发展。2017 年 2 月，中共中央办公厅、国务院办公厅印发了《关于实施中华优秀传统文化传承发展工程的意见》，第一次以中央文件形式推动中华优秀传统文化传承发展，要求把优秀传统文化全方位融入国民教育各个领域、各个环节，把优秀传统文化价值深度嵌入百姓生活。2016 年，全国人大常委会第二十五次会议审议通过《中医药法》并经国家主席习近平以第 59 号令签署颁布，第一次从法律层面明确了中医药的重要地位、发展方针和扶持措施，对解决多年来制约中医药发展的问题做出了制度安排。国务院新闻办发表了《中国的中医药》白皮书，第一次以白皮书的形式向世界宣告中国坚定发展中医药的信心和决心。同年，国务院发布了《中医药发展战略规划纲要(2016—2030 年)》，第一次从战略层面系统部署中医药的振兴发展，要求积极营造良好的社会氛围，推动中医药进校园、进社区、进乡村、进家庭，将中医药基础知识纳入中小学传统文化、生理卫生课程，同时充分发挥社会组织作用，形成全社会“信中医、爱中医、用中医”的浓厚氛围和共同发展中医药的良好格局。

随着传统文化的振兴发展和对健康生活方式的追求，广大人民群众对传统文化的认识与思考更加理性。中医药文化蕴含的思维模式、认知方式、价值取向、行为习惯、审美情趣越来越得到社会大众的理解、认同和接受，民众对中医药知识和文化产品的需求日渐增强。因此，坚持依托传统，坚持立德树人，让成长中的广大青少年接受中医药文化熏陶教育，传递中医药文化核心内涵，积极引导他们认识中医药、热爱传统文化，增强他们的民族认同感及归属感，对传承弘扬中华优秀传统文化、培养一代又一代社会主义事业的合格建设者和可靠接班人，有着至关重要的积极作用。

# 实现中医药文化进校园前景美好

习近平总书记指出，要努力实现中医药健康养生文化的创造性转化、创新性发展，使之与现代健康理念相融相通，更好地为人民健康服务。中医药文化进校园就是落实习近平总书记指示的重要举措和实际行动。在此我想提出几点希望和建议，以供参考。

**一是要加强研究，积极做好中医药文化进校园的顶层设计。**

中医药文化进校园属于一项开创性工作，要想取得好的教育效果，离不开对各层面、各要素的统筹考虑，在工作伊始就做好顶层设计。要根据各地区实际情况、各阶段儿童特点以及不同的教学需求，开展中医药文化课程体系规划、教材编制、教学模式研究等工作，构建能听懂、有特色、重体验的中医药文化阶段课程体系。在工作推进中注重师资培训、强调辨才施教、重视课程设计，既要积极发挥教师的主导作用，也要明确学生的主体地位，同时还要重视教学活动的载体作用。要统筹调动多部门、多方面的力量，形成合力共同推动中医药文化进校园。

**二是要联系实际，合理确定中医药文化进校园培养目标。**

当前，推行中医药文化进校园，是基于国家基础教育和中医药发展的实情，为传承和发展中医药文化所做的一件大事、好事和实事，这不是一件小事，更不是多余的事。中医药文化进校园，主要目的并不在于培养未来的“小郎中”，而是要增加中医药文化的受众基础，同时普及健康养生知识，提高祖国下一代的身心素质，使学生们终身受益。教育的目的，应该不仅是教给孩子科学文化知识，更要教会孩子如何生活和做人。中医药文化进校园的目的，应该是结合当前人们对健康和传统文化的关注热点，教育孩子从小养成正确的生活习惯和行为方式，激发对中国传统文化的兴趣。课程内容的设置上，应该少一些过于高深的知识传授，多一些和孩子们的日常生活息息相关的东西，在培养健康生活方式的同时，提升中华传统文化的素养。

**三是要区分对象，精心设计中医药文化进校园的具体内容。**

开展中医药文化进校园活动，要根据不同年龄段学生的特点和接受程度，设计恰当的中医药文化进校园模式。比如，学龄前儿童，可以以兴趣吸引为主，通过设定不同的健康教育主题，讲授中医药文化科普故事，创编健康养生小游戏，帮助幼儿养成健康的生活习惯。小学阶段，建议以接触体验为主，通过种植中草药、学习眼保健操等中医按摩方法和参与校本课程讲座，提高学生动手能力，养成观察习惯，培养对我国传统文化的热爱。中学阶段，以探索思考为主，通过中医药文化专题讲座、研究性课程和社团实践，了解中医药文化内涵、扩展自身视野、提高道德修养。我了解到，中国人民大学附属中学在这方面做了不少探索，积累了丰富的经验。例如，组织中医药课外兴趣小组，开展中医药知识讲座、体验活动等，学生们更自发创作了中医药文化中英双语宣传片，非常难得。建议还可以在学生中开展中医药知识大赛，如《黄帝内经》知识大赛，既可以学习先贤对生命、健康、疾病的认识与养生的知识，又可以学习其中的哲学思想和古汉语知识等。

**四是要开拓创新，努力探索中医药文化进校园的有效途径。**

推动中医药文化进校园，要积极开拓思路，采取不同的途径，将继承优秀传统文化、掌握中医药知识技能、培养健康学习和生活方式有机地结合起来。可以编写适合青少年的中医药读本、中医药知识漫画等，丰富学生和教师的选择。也可以依托各级中医药文化宣传教育基地，如中医药博物馆、中药标本馆、国医馆、中医医院等，组织开展形式多样的中医药文化科普教育活动；还可以通过青少年感兴趣的方式，开展丰富多彩的第二课堂活动，用多种形式加强互动与体验，让青少年深入实践汲取中医药知识，感受中医药文化的博大精深。这次会议上提到的将中医药养生保健手法，特别是中医推拿手法作为中医药文化进校园的一个切入点和主要内容，我觉得是一个很好的选择。通过中医推拿手法的科学普及，让中小学生们从实践的角度出发，认识中国古老的推拿术，了解人体的一些常用穴位，以及如何应用简单的推拿操作手法来预防和解除诸如头痛、感冒等常见不适，在帮助中小学生学习文化知识的同时，还可以在学校里为同学服务，增进小伙伴之间的友谊；在家里为长辈推拿保健，尽小辈儿的一份孝心，加深与家人的感情，使生活、学习的环境更加和睦，人际关系更加和谐。

习近平总书记在全国卫生与健康大会上深刻指出，中医药学是我国各族人民在长期生产生活和同疾病做斗争中逐步形成并不断丰富发展的医学科学，是我国具有独特理论和技术方法的医学体系，要努力实现中医药健康养生文化的创造性转化、创新性发展。让中医药文化知识走进校园、走进课堂、走进教材，既彰显了教育理念的理性回归，又阐释了传统文化的传承发展路径，也是贯彻落实习总书记讲话精神的重要举措。弘扬中医药文化，不仅要靠医务工作者的宣传和普及，同时更需要社会各界的大力支持与配合。国家中医药管理局高度重视中医药文化的传承和教育，将大力支持这项工作，做好中医药知识在校园中的推广，进一步提升青少年的国学素养和健康水平，同时推动中华优秀传统文化更好地传承和发展，不断发扬光大。

中华中医药学会会长

王国强

2017 年 2 月 14 日

# 让孩子们在成长中学习老祖宗的智慧

## ——张伯礼院士在相关中医药文化读本发布会(编写会)上的讲话汇编

2017年8月12日,由上海科学技术出版社出版的基础教育《中医药文化》系列教材发布会在钓鱼台国宾馆举行。中国工程院院士、天津中医药大学校长张伯礼在发言中指出,《中医药文化》系列教材着眼于未来、着眼于希望,因此它的正式出版意义重大。中医药学是中华文化的瑰宝,它传承五千年经久不衰,虽然是一门古老的学问,但是其理念丝毫不落后,有很多观念预示了未来。中医学是自然科学和人文科学融合得非常好的一门学科。这套教材非常适合中小学生,因为它把中医文化的精髓和当代素质教育结合了起来。立德树人是教育的根本目的,把中医药文化和素质教育结合起来,是一种很好的教育实践和探索。中医药文化进课堂,目的不是让学生学习中医技术,不是培养中医生,不是让学生学会看病,而是培育和普及中医文化。中医并不神秘,中医来源于临床,它平易近人、通俗易懂。我们高兴地看到《中医药文化》教材已经正式出版,并且已经在部分省市的学校做了试点,也取得了一定的成效。建议这套教材能够在更大范围推广,这样可以不断总结经验、不断完善修订,最好能作为中小学生的必修课本。同时也希望这套书能够产生国际影响,现在世界上有180多个国家在推广中医药,这套书不仅要给中国人看还要给外国人看。

(来源:国家中医药管理局政府网站)

2018年1月30日下午,中国工程院院士、天津中医药大学校长张伯礼出席由天津中医药大学文化与健康传播学院、天津中医药大学中医药文化研究与传播中心主办的天津市中小学《中医药文化精选读本》编写专家评审会并讲话。张伯礼校长首先肯定了编写组的工作,并对今后的编写工作提出了明确要求。他强调,一定要保证高质量,把读本编成精品,力争成为全国的样本。中医药文化读本编写的目的不是要在中小学生中培养中医生,而是要在孩子中传播中医文化、中医思维,所以一定要加强顶层设计,要深入浅出、图文并茂,增加趣味性和可读性,并且不能与生活和实践脱节，不能增加学生的负担。要体现时代性，要让学生在趣味阅读中领会中国古代文化思维，突出中医文化的特点。

（来源：天津中医药大学网站）

2020 年 7 月，中国中医药出版社召开《全国中小学中医药文化知识读本》（简称“《读本》”）出版项目发行推广工作会议，《读本》入选中宣部“中华优秀传统文化传承发展工程”支持项目，新书已于 2020 年 6 月出版。由国医大师孙光荣，中国工程院院士、国医大师王琦担任主编，中国工程院院士、中国中医科学院名誉院长王永炎，中国工程院院士张伯礼等担任专家指导委员会委员。《读本》的出版，可以让更多的青少年了解中医药、走近中医药，感受中国优秀传统文化，增强青少年的文化自觉和文化自信。

张伯礼院士为该书的出版录制视频并表示祝贺。他说，中医药是中华民族积淀了几千年的智慧的结晶，是祖宗留给我们的宝贵财富。中医药文化是中华文明、中华文化的具体体现，与我们的生活息息相关。它不是虚无缥缈的空中楼阁，其独特的思维方式，和对自然、人体、疾病的认知角度，不但蕴含着深邃的哲学理念，还是理论完备的科学体系，具有防病治病、养身保健的现实意义。几千年来，中医药从防治重大疾病，到这次防治新冠肺炎等传染病，都发挥了重要的作用，挽救了数百万人的生命，为护佑人民健康做出了重大贡献，将来也会为更多人服务。传承发扬中医药文化，增强文化自信，守正创新，要从娃娃抓起。中医药文化知识进校园，从中小学生就开始接触、了解、学习中医药文化知识，是我国优秀传统文化的回归，也是推进中华民族伟大复兴进程中的重要一环。

（来源：中国中医药出版社网站）

2020 年 8 月 29 日，由中国中医科学院特聘首席研究员朱建平等主编，中国中医科学院中国医史文献研究所审定，人民教育出版社出版的基础教育《中医药文化中小学生读本》发布会在北京召开。刚刚获得“人民英雄”国家荣誉称号的中国工程院院士、中国中医科学院名誉院长、天津中医药大学校长张伯礼为本书作序并致辞。他说，中医药学在抗击新冠肺炎疫情过程中早期介入并全程参与，在各个阶段都发挥了重要的作用，成为中国抗疫方案的亮点。编纂并出版这套读本，正逢其时。编纂这套书的目的并不是培养一批“小中医”，而是让学生学会中医药的思维，同时学习一些养生保健知识。中医药学的思维集中了中华文明的优秀智慧，虽然传承了几千年，但很多的理念和思维都是超前的，可以说引领了现代生命科学的发展。日常生活中学习中医的一些思维方法，不但能够健身养生，而且对学习、生活都有益处。可以让学生的人格和品德更优秀，考虑问题更全面，处理问题的方法更灵活，既有原则，更有灵活性。因此，不但提倡中小学生学习，也建议学生家长共同学习。大家共同掌握我们祖先留下的宝贵智慧，才能更好地促进青少年健康成长。

（来源：中青在线）

# 学习中医药知识　弘扬中医药文化

## ——张伯礼院士给天津中医药文化试点校同学的回信

在天津市卫生健康委员会（简称“卫健委”）、天津市教育委员会的支持下，从2017年至2020年，天津中医药大学中医药文化进校园项目组已连续3年承担天津市“中医药文化进校园”项目，连续4年开展中医药文化研究与实践。两委和项目组先后确定了和平区万全小学、万全二小、河东区互助道小学、天津一中等近30所中小学为天津市中医药文化进校园活动试点校。开展中医药文化进校园研究的同时，项目组在多所学校开设了中医药文化拓展实践课，组织中医专家进校园开办讲座；组织中医药文化主题夏令营、周末营等，上述活动吸引全市5000多名中小学师生踊跃参加；期间，由张伯礼院士担任总主编，项目组历经2年组织编写，于2019年7月出版了《中医药文化精选读本》中学版、小学版一套书籍。并利用多种方式向全市中小学生发放2000余册书籍。

2020年新冠疫情期间，天津中医药大学中医药文化进校园项目组在全市试点校学生中开展了“向抗疫白衣天使致敬，向抗疫英雄学习”“我和张伯礼爷爷说句祝福语”“为张爷爷画像”“录一段心里话视频”活动，得到众多学校积极响应，项目组收到学生各类作品800多件，取得很好的社会效果。

2020年“六一”国际儿童节，中国工程院院士、天津中医药大学校长张伯礼给天津中医药文化试点校同学回信。

### 张伯礼院士给天津市中医药文化试点校同学的回信

亲爱的和平区万全小学、万全第二小学、河东区互助道小学等试点校的同学们：

你们好！

今年4月中旬，我刚刚从武汉回到天津，在医学观察期间收到了你们给我的来信、画作和祝福的视频，信中充满童真的话语，你们为我画的头像生动又传神，视频中的祝福真诚又温暖，这些都让我很感动，谢谢小朋友们的关心！

这次新冠肺炎疫情，在党中央英明指挥下，全国人民团结一致、齐心协力，打了一场漂亮的阻击战！中医药早期介入，全程参与，为战胜疫情做出了贡献。在你们的来信中，提到对中医文化有兴趣，这让我感到很高兴。中医药是我国优秀文化宝库中的瑰宝，蕴含着中华民族几千年来的智慧。中医药文化需要一代又一代人传承发展，得知你们都是天津中医药大学中医药文化进校园试点校的学生，也参加了一些中医药文化知识素质拓展课的学习、活动，这很好。希望你们今后在课余时间深入学习中医药知识，弘扬中医药文化。学习中医药知识，还能够强身健体、陶冶情操，这将会让你们受益终身。

天津中医药大学新校区是一个大花园，非常美丽，湖水荡漾，绿树成荫，景色怡人。校园中有一座药山，种植着400多种中草药，花红柳绿，药香浓郁。欢迎同学们在疫情结束之后来参观天津中医药植物园，亲身感受这里的中医药文化氛围。

值此“六一”儿童节来临之际，我祝你们节日快乐！希望你们快乐学习，团结友爱，茁壮成长！将来成为对国家和社会有益的人才，做合格的社会主义接班人！

张伯礼

2020年6月1日

# 关于进一步深化落实中小学中医文化教育的提案

2020年5月在政协十三届全国委员会第三次会议上，全国政协委员、北京中医药大学张其成教授提交了《关于进一步深化落实中小学中医药文化教育的提案》[政协十三届全国委员会第三次会议第2844号（教育类268号）]。提案内容如下。

2019年10月《中共中央 国务院关于促进中医药传承创新发展的意见》指出："把中医药文化贯穿国民教育始终，中小学进一步丰富中医药文化教育。"

习近平总书记指出："中医药学是打开中华文明宝库的钥匙。"在这次抗击新冠病毒疫情中，中医药发挥了重要作用，总有效率达90%以上。在中小学开展中医药文化教育，是文化传承与人才培养的关键举措，不仅对中小学生的身心健康具有重要作用，而且对于培育学生的文化自信、民族自信意义重大。

## 一、我国中小学中医文化教育存在的问题

2017年4月，浙江省发布了全国首套小学中医药教材《中医药与健康》，并于该年秋季进入全省小学课堂；随后，北京、河北、内蒙古、甘肃等地也在不断落实。然而与此相对的是，调研数据显示，很多学生并未接触到中医药文化，一些学生对中医药文化存有负面想法乃至抵触情绪。这反映了中小学中医文化教育存在以下问题。

### 1. 现行教材中没有收录中医经典篇目

我们调查了现行部编版语文教材中共367篇课文，发现唯一一篇与中医有关的是《青蒿素：人类征服疾病的一小步》（屠呦呦），占比0.002%。而蕴含中医哲学智慧和养生健康理念的经典名篇却没有收录。

### 2. 各省市、各地方、各学校差距大

现行措施大多以省为单位，具体落实到各地区、各学校的措施又有所不同。很多学校仍处于与中医文化"绝缘"的状态。部分学校力求开设中医相关的选修课也存在课时严重受挤压、人才配备不完善、中医药课程的教学水平良莠不齐等问题。

**3. 现行中学必修教材中带有作者个人立场的文章使学生对中医药文化产生误解**

特别是新文化运动时期的作者经常以中医为“反派”，如必读名著《朝花夕拾》中《父亲的病》一篇讽刺中医故弄玄虚、勒索钱财、草菅人命；必读名著《呐喊》中《呐喊自序》提到“中医不过是一种有意的或无意的骗子”，《明天》《药》中也有类似的表述，《狂人日记》中的中医医生甚至成了刽子手形象。

## 二、我们的建议

**1. 教材建议**

（1）针对初中语文课必读名著《父亲的病》等文中存在的对中医讽刺的内容，应当加以适当删节或注脚，说明鲁迅先生写出这些话是事出有因的，个别庸医并不能代表整个中医界。

（2）中医经典篇目走进语文课本。如语文必修课本，小学可增加《神奇的小草》《扁鹊诊治虢国太子》《李时珍编纂〈本草纲目〉》等；初中可增加《大医精诚》《伤寒论自序》《后汉书・华佗传》等；高中可增加《黄帝内经・上古天真论》等。语文选读课本，小学可增加《用阴阳说明人体的组织结构》《神农尝百草》《饮食有节》等篇目。初中可增加《中医如何看病》《千古中医故事》。高中可以选择《黄帝内经》《难经》《伤寒论》等经典篇目。

**2. 课程建议**

各学校可以结合当地中医药文化资源及学校的实际情况，开设校本选修课、综合实践课、研修课等不同课程类型，讲授中医基础理论、中医适宜技术以及中医文化经典等内容，也可以将中医药文化与生物、化学、通用技术等学科结合，开展科学研究和发明创造。各级中医药管理局、卫健委与学校联合，组织编写适合特定年龄段的中医教材，在学校进一步落实中医相关校本课程、社团课程。

**3. 活动建议**

（1）校内活动：以中国人民大学附属中学（简称“人大附中”）的实践为例，可以成立学生中医社团，组织《黄帝内经》知识大赛，定期开展知识讲座、中医保健操等社团活动，还可以开发中医三字经的快板、中医京剧、中医辩论赛等学生喜闻乐见的活动。组织开展中草药种植，开设中医药文化主题德育课，设立校园传统文化节或中医药文化节。

（2）研学：以年级、班级为单位，遴选中医文化的研学导师，走出校园，来到中医流派发源地、道地药材出产地、老字号中药店、中医博物馆、中医医馆(医院)等进行研学旅行,体验参观中医诊病治疗、中药种植炮制等实践活动,学习必要的中医知识及技法,书写研学日志,形成总结报告,在实践中学习和获得有关能力。

全国政协委员、北京中医药大学教授

张其成

# 教育部《关于政协十三届全国委员会第三次会议第2844号（教育类268号）提案答复的函》

张其成委员提出的《关于进一步深化落实中小学中医文化教育的提案》收悉，经商国家中医药管理局，现答复如下：

教育部一直高度重视中医药文化教育，将中医药文化教育作为中华优秀传统文化教育的重要内容，结合不同年龄段学生认知发展特点，有机融入中小学道德与法治、历史、语文、体育与健康等相关课程教材和校园文化活动之中。

## 一、中小学教材落实中医药文化教育

### （一）道德与法治教材详细介绍了独具特色的中医药文化

五年级上册第九课《古代科技　耀我中华》中介绍："我国的中医药学已有几千年的历史，在世界上独树一帜。它独特的医学理论、诊疗方法和丰富的中草药，为无数人解除病痛。中医药学是世界医学宝库中的瑰宝，至今仍闪耀着智慧的光芒，得到了很多国家的认同。"

教材中还提到中国历史上的著名医学家扁鹊、张仲景、华佗、孙思邈，呈现了针灸、推拿、拔火罐插图。

另外，教材"阅读角"部分介绍了草本植物青蒿素的药效和科学家屠呦呦发现青蒿素的过程。

七年级上册第十课《绽放生命之花》提到李时珍撰写了药学著作《本草纲目》。

九年级下册第五课《少年的担当》配有中方工作人员向参加第十一届全球孔子学院大会的嘉宾介绍中医文化的现场活动照片。

### （二）语文教材选取多篇反映中医药文化的文章

二年级下册语文园地"我爱阅读"部分选取文章《李时珍》，详细介绍了明朝伟大的医药学家李时珍学习中医药，编写药物书《本草纲目》的故事。

三年级下册第三单元语文园地"日积月累"部分介绍中医四诊：望闻问切。

四年级上册第 27 课《扁鹊治病》,介绍了名医扁鹊的高超医术。

高中语文必修下册选文《青蒿素:人类征服疾病的一小步》详细介绍了中医药学的贡献。

### (三)历史教材注重呈现以中医药为代表的科技成就

七年级上册第 15 课《两汉的科技和文化》一课介绍了张仲景和华佗的医药成就。

七年级下册第 16 课在《明朝的科技、建筑与文学》一课介绍了李时珍与《本草纲目》等内容,教材中提到:

"《本草纲目》全书约 190 万字,共记载了药物 1800 多种,比前人所记载的增加 370 多种;收录药方 11 000 多个,比前人所收录的药方增加 4 倍;还附有 1100 多幅药物形态图。书中对各种药物进行了新的分类,详细介绍了它们的产地、形色、气味及主要疗效。这部巨著,总结了我国古代药物学成就,丰富了我国医药学宝库,在世界医药史上占有重要的地位。《本草纲目》自问世以后,广为流传,17 世纪初传入日本和朝鲜,以后又陆续被翻译成拉丁文、法文、俄文、德文、英文等多种文字。"

### (四)体育教材坚持"健康第一"的指导思想,要求学生掌握包括中医药知识在内的基本保健知识和方法,养成健康的生活方式

如人教版现行高中《体育与健康(全一册)》开设专节介绍我国传统的养生理论与方法。

## 二、中小学课程融入中医药文化内容

中医药文化和道德与法治、语文、历史、体育与健康等多个基础学科有关,因而现阶段结合中小学生年龄特点和认知规律,采取融合方式实施中医药文化教育,既符合教育规律,也可合理控制学生的课业负担。

另外,中小学课程方案中已留有一定比例的地方课程、校本课程课时。各地和学校可根据自身实际需求和条件,开发适合学生年龄特征、以中医药文化为主要内容的地方课程和校本课程,供学生选学,满足部分学生进一步学习的需求。有关经费均可按国家相关规定纳入公用经费和薄弱学校改造计划资金列支。例如,2017 年 4 月浙江省正式发布《中医药与健康》,明确将中医药知识纳入中小学地方课程。

## 三、中小学校园组织中医药文化活动

2016年以来，教育部与国家中医药管理局等24个部门共同开展了“中医中药中国行——中医药健康文化推进行动”，将“中医药文化进校园”作为行动重要内容之一加以部署推动。“十三五”期间，各地开展中医药文化进校园活动2.2万余场，国家中医药管理局分别在北京、山西、四川举办示范性中医药文化进校园活动，邀请国医大师讲授中医药文化课，捐赠中医药文化角，开展中医药文化体验活动，进一步增进了青少年对中医药的认知和认同。

下一步，教育部将认真学习贯彻习近平总书记关于中医药学的讲话精神，以及党的十九大关于“深入挖掘中华优秀传统文化蕴含的思想观念、人文精神、道德规范，结合时代要求继承创新，让中华文化展示永久魅力和时代风采”等有关要求，在义务教育新课程标准颁布后，组织义务教育各学科教材修订工作，在教材修订过程中继续深入研究，进一步加强中小学的中医药文化教育内容。

感谢您对教育工作的关心和支持！

教育部

2020年11月3日

# 第二篇

## 国内“中医药文化进校园”研究

# 第一章　全国“中医药文化进校园”形式研究

2010 年 6 月 20 日，习近平在澳大利亚墨尔本出席皇家墨尔本理工大学中医孔子学院授牌仪式时说：“中医药学凝聚着深邃的哲学智慧和中华民族几千年的健康养生理念及其实践经验，是中国古代科学的瑰宝，也是打开中华文明宝库的钥匙。”2015 年 12 月 22 日，习近平致信祝贺中国中医科学院成立 60 周年的贺信中再次强调“中医药学是中国古代科学的瑰宝，也是打开中华文明宝库的钥匙……希望广大中医药工作者……切实把中医药这一祖先留给我们的宝贵财富继承好、发展好、利用好，在建设健康中国、实现中国梦的伟大征程中谱写新的篇章”。中医药文化的传承与发扬光大受到国家高度重视。2016 年 2 月 22 日《中医药发展战略规划纲要(2016—2030 年)》提出，推动中医药进校园、进社区、进乡村、进家庭，将中医药基础知识纳入中小学传统文化、生理卫生课程。2017 年 1 月 25 日中共中央、国务院印发《关于实施中华优秀传统文化传承发展工程的意见》，作为中华优秀传统文化内容之一的中医药文化的传承与发展备受瞩目。2 月 14 日在中国人民大学附属中学召开了来自全国各地的大中小学校长、幼儿园园长、专家学者参加的“中医药文化进校园校长研讨会”。之后，全国各地掀起了“中医药文化进校园”热潮，其中不少地区就“中医药文化进校园”开展了丰富多彩的活动。为了进一步传播中医药文化，弘扬中医国粹，帮助中小学生养成良好的健康意识和生活习惯，增强他们的中华文化自信，我们依据公开报道，就全国中医药文化进校园活动的主要形式进行总结，分类归纳如下。

## 第一节　科普讲座　启蒙教育

科普讲座，是由中医药健康文化专家主讲，面向中小学生，采用通俗易懂的语言，在较短的时间里，就某个具体健康文化知识开展的讲座，是让中小学生得到中医药健康文化知识的启蒙教育。因其形式灵活、实用性强，得到全国各地中医药文化进校园活动的普遍采纳。其活动形式主要分为公益讲座、文化讲座、知识讲座及儿科专题讲座等。

## 一、公益讲座

中医药文化进校园的讲座均为公益性。但与其他一般的进校园公益讲座不同的是，这里的公益讲座受众除了中小学生外，还包括学生的家长与老师。如2019年6月，天津市推出“名家健康养生”系列公益讲座，项目依托卫健委和市区教育局，聘请院士、国医大师等中医大家，发挥专家的权威性，将科学、实用的中医药文化知识，以讲座的形式普及中小学生、教育管理者及其他市民中，营造一种信任中医、体验中医之美的文化氛围。中国工程院院士石学敏做了题为“漫谈国粹针灸与中医养生保健”的公益讲座。讲座从中医药文化的发展、地位、作用及日常保健常识等方面为中小学师生进行专门介绍，向中小学师生推广中医的健康理念[1]，帮助中小学生养成健康的生活习惯，以及对中医药文化的感性认识。

## 二、文化讲座

此类讲座多选取日常生活中与中医药文化相关性较大的节庆时间或药皇庙等传统场地，讲解中国人生活习俗中的中医药文化知识。因有故事情节、朗朗上口、贴近生活，非常适合中小学生的中医药文化启蒙教育。2017年端午节前后，天津中医药文化宣讲团走进和平区万全小学，为小学生开展了一场别开生面的“端午节与中医药文化”专题讲座，由此同学们理解了端午节里吃粽子、戴香囊的习俗与中医药保健常识。引导学生体验生活中的中医药健康文化，增强中医药文化自信，为此天津市还面向包括中小学生在内的大众推出了“二十四节气与养生”系列讲座。2019年8月，浙江省兰溪市知行小学一年级学生在药皇庙练八段锦，听药王故事[2]。面对药王塑像，小学生心中升腾起祛疾除患、护卫百姓健康的药王文化信仰，引导他们爱上中医药文化，探索中医药健康密码。2017年，广西中医药大学第一附属医院中医“治未病”中心中医药文化巡讲专家团队，到南宁市园湖路小学等20余所中小学及幼儿园开展“少年儿童春季养护”等中医文化讲座。讲座包括春季少年儿童常见多发病预防、如何正确预防禽流感、少年儿童体质健康管理等内容，从多方面对同学们进行了健康宣教。专家们将《黄帝内经》春季养生知识形象生动地宣讲给中小学生，融合了中国传统文化知识和中医健康养生知识，让同学们了解中医药文化，同时帮助同学们养成健康的行为方式和生活习惯[3]。2017年，辽宁中医药大学先后多次在方凌小学开展“岐黄文化小讲堂”之“中医药文化进校园”活动，为该校四年级学生做中医药知识宣讲[4]。2018年

3 月,成都中医药大学走进成都市实验小学开展"中医药文化进校园"活动。2016 年 9 月,河南中医药大学针灸推拿老师走进河南省第二实验中学,给八年级的同学们带来了一堂别样的中医药文化课。课程从如何在生活中感悟中医文化开始,讲述了科学认识人体、正确认识中医药等内容[5]。这些文化讲座挖掘了中医药传承千年的丰富的文化基因,并在中小学生中传播开来,任重道远,意义非凡。

## 三、知识讲座

针对中小学生的日常需求,选取中医药的适用技术知识,为学生开展专题讲座。2017 年,天津中医药大学在各种进校园的活动中都会穿插讲座,在夏令营活动中,为中小学生举办初识中医药的科普讲座。2019 年 5 月,河北省沧州中西医结合医院康复院区护理部到沧州市解放路小学组织了"中医药文化进校园——身边的中医"活动,由医生为中小学生进行深入浅出、趣味横生的中医药文化小讲座,同学们既听得懂,又喜欢听,还积极与医生互动,提出心中疑问,与大家分享自己的心得[6]。2019 年 6 月,陕西省大荔县中医医院医务科、药剂科、体检科走进仁厚里小学开展中医药文化进校园知识讲座,针对小学生的兴趣与特点,配合简单明快的图片和 PPT 讲解"夏季常见病的预防与治疗""手足口病及水痘的预防""小儿推拿""七步洗手法"和"中药的初始"等知识[7]。2019 年 5 月,云南省曲靖市中医医院专家团队根据不同年级小学生的特点和接受程度,给曲靖市第二小学的师生们送去中医药文化大餐。云南省名中医、曲靖市中医医院针灸推拿康复中心以《颈椎病防治与保健》为题,讲述颈椎病高发的原因与具体的中医防治办法[8]。2018 年 9 月,山东中医药大学邀请附属眼科医院专家走进舜文中学进行"青少年近视防治"科普知识讲座,从近视的发生、发展讲到日常预防、中医治疗,还介绍了日常护眼方法、正确的握笔姿势、用眼卫生、中医治疗近视和中医健康饮食等,现场演示了推拿治疗近视眼的手法[9]。2019 年 5 月,福建中医药大学走进福州格致中学开展"中医药文化进校园"活动,在中医药文化宣传、中医心理知识普及等方面进行志愿服务[10]。

这些中医药的防病治病保健知识,满足了中小学生的健康需求,成为全国中医药文化进校园的形式之一,在不同的地区以不同的方式开展着,发挥中医药适宜技术的有效作用,真正在具体的日常生活中,培养中小学生的健康意识、健康行为习惯,成为"健康中国"建设的内容之一。

### 四、儿科专题讲座

有些地区针对中小学生的生理病理特点及儿科临床常见疾病等问题，从中医药学的角度开展保健知识讲座与宣传。2019 年 5 月，云南省曲靖市小儿推拿中心与当地学校师生分享中医思维下的育儿保健；云南中医药大学医师开展了“青少年特发性脊柱侧弯”“夏季肠道疾病的中医药防治”等讲座，还针对小儿的育儿保健、脊柱侧弯、肠道疾病等青少年多发疾病的中医药防治进行专题讲座[8]。2019 年 5 月，吉林省通化市中医医院儿科专家走进沿江小学、靖宇中学，为师生讲解“中医药在学生常见病中的食疗作用”[11]。广州中医药大学教授将生活中的食材引入中药的性能，阐述了中医“药食同源”的理念，还讲解了岭南中草药的特色，丰富了同学们对本土中医药文化的认识；结合近现代物理学、生物学、天文学研究进展，让同学们了解到“经络”也可以用仪器测量[12]。2017 年以来，天津中医药大学第一附属医院儿科医生时常走进中小学校，为孩子们传授中医保健技法，让中小学生对中医了解更为深刻。

这些针对青少年的儿科专题讲座，能真切地引导中小学生的健康教育，既可以对患儿进行中医药的防治教育，也可以对健康孩子进行预防教育，促进健康生活方式的养成。

综上，各种各样的中医药科普讲座，形式上短小、灵活，内容上多选取中小学生生活中迫切需要的知识，讲授语言也可据中小学生实际情况进行调整。中医药科普讲座成为全国各地开展中医药文化进校园活动，特别是中医药文化专家学者进校园活动的重要形式，对中小学生起到了较好的中医药文化启蒙教育。

## 第二节　展示观摩　参与体验

在进行中医药文化科普宣讲的同时，将中医药的物态文化带到中小学生身边，让学生能够看一看、摸一摸，认一认、做一做。在观摩与感知中体悟中医药文化，培养孩子们的中医药文化兴趣，激发他们的中医药求知欲望。

### 一、看一看、摸一摸

“看一看、摸一摸”的展示观摩活动，主要是利用中医药文化的集中场地或承载中医药文化的特殊器具，让中小学生置身其中，亲身参观体验中医药文化，也让传统的中医药文化走进中小学生的生活中。

2017年，天津市开展中医药文化夏令营，带领同学们参观了位于团泊健康产业园区的天津中医药大学新校区中药植物园（俗称“药山”）和西青区京万红乐家老铺药酒工坊，作为大学校园游与工业游的一部分。中小学生在参观体验中，加深了对中草药文化的直观印象，也了解了天津中医药企业的悠久文化。2019年8月，浙江省义乌市上溪镇吴店小学的学生们在中药房认识了400余种中药饮片，在中医文化馆观看中医师的诊疗过程，体验中医“望闻问切”四诊法，还在针灸推拿治疗室观摩针刺器具[2]。2019年，广东省广州市白云区人民医院理疗科医生在讲座现场为同学们演示艾灸中的“气交灸”的操作方法，并带来《黄帝内经》中的“九针”供同学们观摩[12]。2019年5月，河北省沧州中西医结合医院康复院区护理部与当地中小学生亲切交流，针灸穴位组护士为同学们仔细讲解人体各个穴位、脉络及针法；熏蒸拔罐组护士让中小学生体验了眼部艾灸熏蒸，现场展示了如何拔罐。通过观摩、体验中医师的诊疗过程，如针灸、拔罐、穴位保健操等，学生们可直接感受中医的诊疗效果，切身体验中医药之美。

2019年7月，北京“程氏针灸”非遗保护项目基地联合北京市多家中医药专业机构走进台头小学，开展“百草飘香”“百草工坊”“医体结合”“杏林驿站”“游学瑰宝”及“百草文创”等主题的综合中医药文化互动体验及义诊咨询活动。他们现场教授学生认知穴位，掌握程氏穴位护眼操以及日常保健知识，还对青少年脊柱侧弯进行了快速检查[13]。2020年1月，湖南中医药大学将“传统中医药文化”与“爱心支教”相融合，开展趣味中医药文化课程教授、中医药典籍馆建设、特色教材编制、药植园设立等一系列项目，不断推动中医药文化进校园，增进农村青少年对中华优秀传统文化的了解与认知，增强学生的文化自信、民族自信。同时通过义诊体检，建立中医体质档案馆，帮助农村青少年提升健康素养、树立保健意识，养成健康的生活习惯[14]。2018年4月，山东中医药大学“弘扬国粹·传承创新——传统中医药文化进校园”活动在济南市长清区实验小学成功举办。活动内容包括中医药文化的主题宣讲、中药材标本展示及制作、艾灸与推拿演示及体验[15]。2019年3月，安徽中医药大学走进合肥市临泉路第二小学开展“中医药文化进校园”活动，安徽中医药大学的志愿者们走进校园，开展中医药茶艺展示、中医药诗词竞猜、中医药知识宣讲、中药材辨认、中药香囊制作、艾灸推拿演示、五禽戏教学等活动[16]。2019年6月，在中国传统节日“端午节”到来之际，陕西中医药大学联合多家单位在宝鸡市扶风县绛帐初中举行“中医中药文化进校园”活动，讲解端午香包的起源、功用及制作方法，进行针灸推拿技法的现场演示，讲解中药面膜和药皂的制作工艺及保健作用，讲授中药标本的制作、鉴定和药材功效等基本知识，并为师生代表开展了关于中药科普知识的专题讲座。这种综合型的文化体验活动，也是展示中医药文化的重要途径。

## 二、认一认、做一做

“认一认、做一做”的观摩体验活动，主要是带领中小学生辨识中草药、制作香囊和药茶等，甚至开辟神农园或百草园种植药材。在辨认与种植过程中了解中医药的文化与价值，中药材的生长规律与特性，增加对中药材的认知。

2017 年，天津市开展首个中医药文化夏令营，工作人员带领中小学生亲手制作了中药药囊，体会到药囊中中药的价值、佩戴药囊的作用。2018 年 6 月，浙江省义乌市上溪镇吴店小学的学生在观摩中药饮片之时，中医师就地取材，在医院绿化带及周围的田间地头采集了一些常见的新鲜中药材，并介绍其辨认方法及功效；在端午节，中医师在中药房现场调配研磨具有驱蚊和防流感作用的药末，和同学们一起制作香囊。这些形式不仅让中小学生亲身接触、体验中医药文化，接受健康教育，还培养了学生们的动手能力和观察能力[18]。2019 年 6 月，浙江省宁波市鄞州区中医药公益项目志愿者，在百丈街道中山社区“四点钟学校”开展的“中医药传承进校园”活动中，带去了中药材、捣药罐、药秤等中医药用品，让孩子们直观感受传统医药文化魅力[19]。为进一步激发孩子们学习中医药文化的兴趣，浙江省各地纷纷开辟中药材种植基地，让孩子们体验中药材种植、养护工作，打造以中草药种植为主的“神农园”[2]。有地区将中医药文化教育实践基地建在了药皇庙，中小学生在基地做绿豆汤、百合银耳莲子汤、龟苓膏、驱蚊香囊、中药香皂等，对中医药产生了浓厚兴趣[2]。2018 年，浙江省丽水市松阳县中医医院会同实验小学开展“参观药皇宫，认识中草药”中医药文化进校园活动，由医生们带领孩子们学做端午茶，认识老中医，种植薄荷、金银花、茱萸等中草药，通过闻、触、尝等方式与中草药零距离接触，激发了孩子们学习中医药知识、了解中医药文化的兴趣[2]。有的学校还在校园内开辟了“妙手园”，如长兴县白岘中心小学的“妙手园”，占地 300 多平方米，其中“药具坊”内用于种植、炮制、储存、加工中药的器具一应俱全；兰溪市行知小学将学校花坛改为中药材种植基地，取名“百草园”，各班级学生全部参与药材的种植和管理[20]。2019 年 7 月，北京市各试点校，如台头小学、教师进修实验学校、第二十中学、清华大学附属中学等多所学校开展了校园中草药的种植。有的校园中草药种植品种达到近百种，校园内开展香囊制作，花草茶配制，药用植物观测、种植、采摘、炮制等各种形式的体验活动[13]。2019 年 7 月，辽宁省沈阳市第十人民医院万泉医联体四名中医师来到大东区静美小学开展“中草药鉴别展示暨中小学中草药种植大赛”宣传活动。按照小学生的知识理解程度，中医师以桔梗、紫苏、板蓝根等常见中药的传奇故事作为开场，使同学们对中药材产生浓厚的兴趣，随即在课堂上发放了 4 种中草药种子，让同学们回家种植观察。兴隆台区振兴街道社区卫生服务中心的老中医带着小学生们辨识体验中药“酸、苦、甘、辛、咸”五味[21]。在广东省“2019 年广州市中医药知识展示活动”中，广州市的初中生们展出了药膳“中医药减脂套餐”“青橄榄粉肠喉头花生汤”及“自制中医药驱蚊包挂件”等，高中生们展出了中药小饰品“青溪几度到云林”、校园药圃规划设计“易中园”、漫画《李时珍与中医药》。引导中小学生动手做一做中医药文化题材的药膳、饰品甚至漫画等，可以让学生在生活中了解中医药，爱上中医药文化。2018 年 9 月，湖南诺贝尔摇篮教育集团联合湖南中医药大学建设中医药百草园、百果园、百花园，种植各种花卉、瓜果、中草药，湖南中医药大学在诺贝尔摇篮幼儿园设立了 3 个小儿推拿室，用纯中医手法解决儿童身体的问题，同时向广大家长宣传小儿推拿等儿童保健知识，使小儿推拿室成为了湖南中医药大学的学生实践基地和诺贝尔摇篮孩子的科普乐园[22]。2019 年，上海中医药大学邀请长岛中学高一年级学生来到博物馆进行了中医药“一日体验课”活动，开展了博物馆参观学习、辨识经络穴位、学习养生功法等四项活动[23]。2019 年 7 月，湖北中医药大学将中医药文化进校园活动与学生暑期“三下乡”社会实践相结合，在十堰市房县思源实验学校开展了一堂别开生面的中医药文化课。他们将精心准备的艾草、薄荷、丁香、冰片等常用中药材，以及药钵、香囊袋、针线等香囊制作材料搬进了课堂，带领当地学生在现场制作中药香囊。

综上，在“认一认、做一做”的过程中，孩子们种植中药，建设中药材种植基地，了解中药饮片，亲手制作香囊、药茶、药膳等日常生活中的中草药用品，这些活动培养了中小学生对中医药文化的情感，为他们幼小的心灵播撒了热爱传统医药文化的种子。在体认中药的性味教育中，既普及了药食同源的理念，也加强了“是药三分毒、品尝需谨慎”的安全教育。总之，中草药的种植等实践活动，既可以让同学们参与其中，培养动手能力与观察能力，也可与中小学生的植物课程相衔接，引导学生亲近自然、热爱自然，其意义是多方面的。

## 第三节 传统体育 强身健体

传统体育文化的传承与发展是我国文化保护的重要课题[25]。中医传统健身操如太极拳、五禽戏、八段锦等是传统体育文化的组成部分，青少年加强学习与锻炼有利于身心健康。在中医药文化进校园活动中也被广泛采纳。

天津市中医药文化进校园活动项目组走进试点学校，引导学生走出课堂，教给孩子们太极拳、八段锦等，并将这些健身活动所蕴含的“和”文化思想、天人合一整体观、阴阳平衡的健康观等中医药文化核心价值观，以寓教于乐的形式传达给孩子们[26]。2019 年 8 月，浙江省兰溪市知行小学一年级的学生在药皇庙练八段锦；白沙小学、黄店小学的孩子们表演功夫扇，在强身健体中接受中医药文化[2]。有的学校将太极拳、八段锦作为学生的课间操在日常学习生活中持续开展，通过锻炼身体提高学生的身体素质和免疫力，助力学生健康成长。有的中小学校进一步加强传统体育课的开设，使中医药文化爱好者从体育健康的角度有更多选择空间。

综上，中医药文化进校园，面向中小学生普及中医药健康养生知识，选择易学易练的中医传统健身操如太极拳、五禽戏、八段锦等体育项目，让学生在课堂内外加以学习、锻炼，提高祖国下一代的身心素质，使学生们终身受益，也是中医“治未病”理念的体现。

## 第四节 编写读物 讲解故事

科普讲座、展示观摩、传统体育等形式，在没有相应的体制机制建立之前，很多内容形式都易一带而过，难以持续推广。如何为中小学生提供持续可读的课外读物，使他们在阅读中了解中医药、积累中医药文化，在读物熏陶引导下形成健康的生活方式，显得尤为重要。因此，组织人力物力编写适合中小学生阅读的中医药文化读物，成为大多数中医药文化进校园的重要工作内容之一。

中医药文化专家学者为中小学生或青少年编写中医药文化方面的读物由来已久。在 2009 年，北京中医药大学梁永宣等老师编撰并出版了《青少年中医药文化知识普及读本（小学版）》；2014 年，复旦大学出版社出版了《中小学生中医药科普读物》；2018 年，人民卫生出版社出版了《中医药文化校园普及读本》；中国中医古籍出版社出版了《讲好中医故事系列读物》；中国中医药出版社出版了中学生课外科普读物《读故事知中医丛书》；2019 年，中国医药科技出版社出版了《中医药文化精选读本（小学版）》《中医药文化精选读本（中学版）》；2020 年 4 月，中国中医药出版社出版了《全国中小学中医药文化知识读本》。不少地区将这些读物免费向中小学生发放，或者将读物中的内容选择性地传授给学生，引导他们课下阅读。这些故事性很强的中医药文化题材读物的编写与出版，为中小学生课外学习中医药文化提供了丰富的精神食粮。

编写中医文化读物这种中医药文化进校园的活动形式，将成为播散中医药文化种子的长效机制，功在当代，利在千秋。

## 第五节　校本教材　走进课堂

随着传统体育文化、中药材的种植与辨认等知识渐渐地融进中小学生的学习与课余生活，中医药的文化知识如何走进中小学生的课堂，成为中医药文化进校园活动真正“进校园”的标志性活动？全国比较普遍的做法是与中小学教育机构合作编写教材，并将教材内容以中小学生素质拓展课的形式，纳入中小学生课堂，这是一种比较直观的中医药文化普及形式。

2017 年以来，天津中医药文化进校园团队以 14 所试点校为依托，利用中小学素质拓展课程建设平台，组织师生志愿者长期在万全小学、崇化中学等学校开展中医药文化进校园的课堂宣讲，使一届届学生学习到有趣又有用的中医药文化知识。主张不仅要建设好素质拓展的阵地，还应针对不同年龄段的学生，将中医药文化知识与语文、历史、生物、体育等现有文化课程的教材学习进行有机结合，将中医药文化知识的学习纳入学生现有的知识考核系统中。如在中小学生说明文的学习中，专门开设中药说明书的学习、中医药对生命奥秘探索的说明文学习等；还将语文课本里的中医药文化知识与健康理念挖掘出来进行专题学习，如《从百草园到三味书屋》中的中草药与健康，课外名著阅读中的中医药健康知识与理念等。希望在这种结合中，进一步彰显中医药文化与中国传统文化的亲切关系，引导学生自觉从热爱中华民族文化的角度，认同中医，信任中医，传承中医药文化。

为了在教材中讲好中医故事，2017 年，浙江省中医药管理局在省教育厅、财政厅的支持下，组织编写《中医药与健康》小学教材，并在当年 9 月推广至全省所有小学，成为率先将中医药教材纳入中小学课程的省份[27]。该教材按照36个学时设计教学内容，遴选了36个和中医药有关的故事，保证了教材的趣味性、科学性和实用性。2019年，浙江省兰溪市在《中医药与健康》教材基础上，还编写了《兰溪市中医药文化进校园自编教材》，教材除中医药理论知识、青少年科学防控近视知识外，还有《我外公的医案处方》《医业、药业一家亲》等11个与兰溪市中医药历史相关的小故事，以地方乡土文化的形式突出地方中医药文化特色。此外，兰溪市选定行知小学等18所学校作为试点单位，这18所试点学校不仅成功将中医药带进课堂，还做出了各自的特色。行知小学在省课程的基础上根据各个年级学生的特点，设计了悠悠百草香课程，包含"趣味识草药""名中医在线""药膳与茶饮"等板块，并通过主题研学、百草园中药种植与管理等课外活动真正实现知行结合[28]。宁波市在小学五年级陆续开设中医课，课程并非必修，也不会考试，学校对课程安排有很大的自主权[29]。

2019年，北京市海淀区卫健委委托北京市中医研究所团队承担海淀区中医药文化进校园项目标准化课程开发及师资培养工作。目前已初步构建了一套课程体系，以"中医药文化通识教育""中医独特的生活方式""中医药传统实用技术""神奇的中草药"四个模块组成《中医药文化与我们的健康》系列体验与欣赏课，初步完成中小学生16节课的课程设计工作。并且为了丰富中医药文化图书角，海淀区卫健委在原有图书基础上，精心挑选了《四季本草手记》《小药工》等适合校园中医药文化传播的书籍，配合学校开展的各项活动进行书籍赠送，丰富校园图书角[21]。

在北京市海淀区率先建设标准化课程的同时，北京不同学校的中医药文化进校园的校本课程也在不断建设中。如教师进修实验学校以百草园为依托，开设中医药相关的校本课程，形成覆盖初高中、理论与实践相结合的校本课程群；清华附中开设了两学期的中草药特色课程；青龙桥学区东北旺中心小学、中国农业大学附属中学、一〇一中学等均已开设中草药校本课程。可见中医药知识的传播与课本教程得到了密切的结合，通过编写中医药文化教材，开展中医药课程，其教学与中医药知识的普及结合了起来，不仅有利于中小学生对原有课程的进一步掌握，而且其图文并茂、通俗易懂的形式深受学生欢迎，让师生在教学过程中轻松地掌握中医药文化及实用知识。一些条件成熟的中小学可开发各具特色的校本教材，突出地方特色、学校特色，以更加灵活多样的形式满足学生的需求。

在一定文化氛围及中医药知识积累的基础上，鼓励中小学生特别是中学生组织中医药社团，将中医药文化知识通过学生社团为平台融进中小学生的课外生活中，如中国人民大学附属中学中医社与该校辩论社、科学哲学社一起策划举办了“中医药是否应该作为必修课进入校园”主题辩论赛，与校内曲艺社联合创作了包含大量中医元素的相声、快板等曲艺节目[19]。教师进修实验学校成立了艾斯蒂克百草社，学生们定期制作海报、书签，举办知识竞赛，开展了一系列中医药文化宣传活动。这些由中医社主办的校园活动将扩大中医药文化传播的阵地，因其形式多样且学生喜闻乐见，应该成为中医药文化进校园活动大力扶植的对象，希望能看到中医药机构、企业或个人长期资助中学生建立这样的社团以传播中医药文化。

## 第六节 活动形式展望

中医药文化具有丰富的人文精神和哲学内涵，是中华传统智慧的重要载体，也是提升中华文化自信的抓手。中小学生处于思想道德和价值观念的形成时期，抓住这个特殊的时期，通过创新中医药文化进校园活动的形式，在中小学生中播撒中医药文化的种子，培养他们健康的生活方式，让他们能够由衷地信中医、爱中医，传承中医药文化。目前全国中医药文化进校园的活动形式包括科普讲座、展示观摩、编辑读物、开发区域或校本教材、与体育课程结合进行中医传统健身项目等。这些活动不仅注重对中医药文化的课程设置，让学生真正学习到中医药文化的精髓，营造中医药文化进校园的教学氛围，而且也以中医药健康知识科普为主，将“引进来”和“走出去”相结合，让广大学生通过学习中医药文化知识，更多地了解中医药、感受中医药、学习中医药。总之，这些活动形式融知识与趣味、艺术与生活、动手与动脑为一体，循序渐进地走进中小学生日常生活中，使中医药文化潜移默化地在学生的健康生活方式与中医思维培养中生根发芽。

进一步推进中医药文化进校园工作的持续开展，需要不断总结经验，根据中小学生的身心发育特点，采取学生喜闻乐见的形式，遴选更加富有科学性、实用性、通俗性和体验性的教学内容，将中医药基础知识与中小学传统文化、生理卫生课程以及“中医药文化进校园”活动有机结合起来，持续推进，让青少年感受到中医药文化的独特魅力，通过学习中医药知识，树立健康生活理念，培养健康的生活习惯[30]。当然，也需要完善中医药文化进校园保障政策。制订中医药文化进校园教学发展规划，重点支持校园中医药文化、中草药辨识中心、中医适宜技术体验中心建设，以及中医药文化师资队伍培养、中小学学生中医药社团创建等工作。在这个过程中不断总结，制订像北京市海淀区卫健委《海淀区中医药文化进校园工作实施方案》那样的具体工作方案，确立中医药文化进校园的基本原则，明确工作目标，拓展工作内容，加强保障措施，指导推动中医药文化进校园活动的开展。使中医药文化在实践总结中成为一个更加科学、合理、高效、可持续的中小学生文化素质教育工程，从未来与国家战略的高度引起全社会的普遍重视。

与此同时，中医药文化进校园活动的主体，应该紧跟时代，深入研究，不断更新活动内容与形式。随着互联网技术的进一步传播和应用，如今的中小学教育也越来越多地运用到网络新媒体资源，越来越多的中小学生更乐于从网络上摄取书本以外的知识。这就提醒我们在推动中医药文化进校园的过程中，通过青少年感兴趣的方式，以丰富的形式加强互动与体验，如浙江省兰溪市教育局与兰溪市卫生计生局联合举办的“开学第一课”活动，向全市中小学直播了中医药与健康课程。运用互联网直播的形式，寓教于乐，让中小学生感受中医药文化的博大精深。中小学生中医药文化网络学习资源的开发需要引起各方关注。

中医药文化进校园是一项惠及民生的公益事业，只有从娃娃抓起，在中小学的基础教育中渗透中医药文化的内容，将高等中医药教育和中小学基础教育有机结合，才能使优秀传统文化深入青少年的思想，促进他们的行为规范，增进青少年对中华优秀传统文化的了解与认同，增强学生的文化自信、民族自豪，更好地传承中国的传统文化，使他们成为实现中华民族伟大复兴的担当者。

## 参考文献

[1]和平区融媒体中心. 和平区举办中医药文化进校园启动仪式[EB/OL]. http://www.tjhp.gov.cn/tjhp/tpxw/2019-06/28/content_f7226208e4d14eb2aa790b32022dce28.shtml. 2019-06-28.

[2]健康报. 浙江：练好中医药文化“童子功”[EB/OL]. http://zhongyi.gmw.cn/2019-08/07/content_33060139.htm[2019-08-07].

[3]广西中医药大学一附院中医治未病中心团队到园湖路小学开展“中医文化进校园”健康宣讲活动.[EB/OL]. http://www.gxtcmu.edu.cn/Item/17909.aspx[2017-09-09].

[4]辽宁中医药大学. 基础医学院联合方凌小学开展“中医药文化进校园”活动[EB/OL]. http://www.lnutcm.edu.cn/lnutcm/zhuzhan/xnxw/20170905/174.html[2017-09-05].

[5]河南中医药大学. 我校开展中医药文化进中学活动[EB/OL]. https://www.hactcm.edu.cn/info/1069/10024.htm.

[6]沧州中西医结合医院. 沧州二医院中医药文化进校园[EB/OL]. http://www.sohu.com/a/314173308_673905[2019-05-15].

[7]大荔县中医医院. 大荔中医:我院走进仁厚里小学开展“中医药文化进校园”知识讲座[EB/OL]. http://www.sohu.com/a/321564887_771883[2019-06-19].

[8]曲靖市卫健委. 曲靖市中医医院送中医药文化进校园[EB/OL]. http://www.qj.gov.cn/html/2019/wsj_0528/70006.html[2019-05-28].

[9]山东中医药大学. 我校眼科专家走进舜文中学开展中医药文化进校园活动[EB/OL]. http://www.lnutcm.edu.cn/lnutcm/zhuzhan/xnxw/20170905/174.html[2017-09-05].

[10]福建中医药大学. 人文与管理学院开展“中医药文化进校园”活动[EB/OL]. https://www.fjtcm.edu.cn/html/CollegeNews/20190521/3030073.html[2019-05-21].

[11]中国中医药网. 吉林通化市启动中医药文化进校园系列活动[EB/OL]. http://www.yingzit.cn/39005/[2019-05-24].

[12]广州市执信中学. 认识中医,传承经典——记生物科“中医药文化进校园”系列活动[EB/OL]. http://www.sohu.com/a/323377845_676050.

[13]北京市中医管理局. 菁菁校园百草飘香 海淀区举办第二届校园中医药文化节[EB/OL]. http://zyj.beijing.gov.cn/news/201907/t20190702_272201.html[2019-07-02].

[14]湖南中医药大学. “‘中医药继承者’关爱留守儿童成长”项目获第十二届全国志愿服务优秀项目奖[EB/OL]. http://www.hnucm.edu.cn/info/1094/3570.htm.

[15]山东中医药大学. 药学院举办“弘扬国粹·传承创新”传统中医药文化进校园活动[EB/OL]. https://www.sdutcm.edu.cn/info/1002/1266.htm.

[16]合肥日报,新安晚报等多家媒体报道我校“中医药文化进校园”活动[EB/OL]. http://www.ahtcm.edu.cn/2019/0322/c1271a68682/page.htm[2019-03-22].

[17]陕西中医药大学. “中医中药文化进校园”活动在宝鸡扶风绛帐初中举行[EB/OL]. http://www.sntcm.edu.cn/xwzx/xyxw/61264.htm.

[18]义乌市上溪中心医院. 中医药文化进校园——弘扬传统中医国粹,促进学生身心健康发展,识百草,让学生们当一回小神农[EB/OL]. http://www.sohu.com/a/235552841_784672[2018-06-13].

[19]大众医药网. “四点钟学校”,开展“中医药传承进校园”活动[EB/OL]. http://www.51qe.cn/yiyaoyanfa/2019-06-24/24770.html[2019-06-24].

[20]兰溪新闻网. 古老中医药文化在兰溪中小学校园生根发芽[EB/OL]. http://lxnews.zjol.

com. cn/lxnews/system/2018/11/21/031283637. shtml[2018-11-21].

[21]文明盘锦. 振兴街道举办"传承国粹弘扬中医药文化,走进校园"活动[EB/OL]. http://www.sohu.com/a/325754600_100211270[2019-07-09].

[22]湖南教育新闻网. 湖南中医药大学走进幼儿园传播中医药文化[EB/OL]. http://www.hnucm.edu.cn/info/1092/2678.htm.

[23]上海中医药大学. 走进中医药"一日体验课"[EB/OL]. http://bwg.shutcm.edu.cn/_upload/article/images/2b/ca/8df50f174d0da586f2fac9df76d3/75194739-6113-4b31-a761-a64e61330e8e.jpg.

[24]湖北中医药大学. 中医药文化进校园[EB/OL]. https://www.hbtcm.edu.cn/info/1073/9532.htm.

[25]尚宁宁,王海军,武琳娜,等. 传统养生功法践行之路[J]. 体育世界(学术版),2019,03:20-22.

[26]天津中医药大学语言文化学院. 本市中医药进校园活动取得阶段成果——传播中医药文化形成"天津模式"[EB/OL]. http://news13.tjutcm.edu.cn/info/1520/10860.htm[2017-12-21].

[27]中国中医药网. 在小学课堂认识中医价值[EB/OL]. http://www.cntcm.com.cn/2017-05/24/content_30165.htm[2017-05-24].

[28]中国中医药网. "江南药都"再续中医药文化根脉[EB/OL]. http://www.cntcm.com.cn/2019-07/31/content_63705.htm[2019-07-31].

[29]中安在线. 今年秋季起宁波小学五年级将陆续开设中医课[EB/OL]. http://www.anhuinews.com/zhuyeguanli/system/2017/09/15/007711890.shtml? Nriotmfrpvqezfri[2017-09-15].

[30]人民健康网. 中医药文化进校园 培养孩子健康生活新理念[EB/OL]. http://health.people.com.cn/n1/2018/1025/c14739-30362874.html[2018-10-25].

# 第二章　天津市“中医药文化进校园”形式研究

《中医药发展战略规划纲要(2016—2030)》提出,推动中医药进校园、进社区、进乡村、进家庭,将中医药基础知识纳入中小学传统文化、生理卫生课程。天津市的中医药文化进校园由天津市卫健委、天津市教委、天津中医药大学联合实施。2017—2019 年,天津中医药大学承担了天津市卫健委“中医药文化进校园”项目,该项目由天津中医药大学文化与健康传播学院院长毛国强教授主持。3 年中,项目组在对天津市中小学生中医药认知度进行充分调研的基础上,有针对性地组织了丰富多彩、形式多样的中医药文化推广活动,重实践,重效果,取得了良好的社会反响。在此,我们有必要对这些活动做一梳理,并对中医药文化进校园的形式方法予以总结和分析,以期为今后更好地开展工作提供借鉴与帮助。

## 第一节　中医药知识入校宣讲

入校宣讲,是中医药文化进校园最直接、最主要的形式。通过这种方式,天津项目组将中医药文化的知识、养生保健的技法面对面直接教授给孩子们。

### 一、走进中小学

天津“中医药文化知识进校园”宣讲项目开始之际,由天津市卫健委、天津市教委确立了首批 14 所中小学试点校:和平区万全小学、万全第二小学、和平中心小学、第六十一中学,南开区水上小学、崇化中学,河北区扶轮小学、河北区扶轮中学,红桥小学、泰达实验中学,河东区互助道小学、五十四中学,河西区珠江道小学、环湖中学。2017 年 5 月 26 日,在和平区万全小学举行了项目启动仪式,并由天津中医药大学中医学院王玉兴教授主讲“端午节里的中医药”,中医专家将晦涩难懂的中医理论知识、丰富的中医药文化以通俗易懂的语言娓娓道来。讲座结束后,小朋友们亲手进行了中药香囊的制作,体验到了“中医之美”,从而更加信任中医、学习中医、热爱中医。据统计,2017 年全年,项目组 20 多名师生在试点学校共进行宣讲 28 次,直接受益学生达 2770 人,间接受益学生近万人。除了宣讲理论知识,项目组还将简单实用、容易操作的中医保健技法带到了中学生的面前。2017 年 3 月

24 日，项目组在天津市河西区中心小学国学教育基地及第四十二中学举行了“中医保健技法进校园”活动，近百名学生参加。天津中医药大学国际教育学院李立祥副研究员为学生讲解了简单的按摩技法，以增强自我保健意识与能力。师生们在李老师手把手的指导下，掌握了颈部、眼部按摩保健方法，体验了中医的神奇。

2018 年，中医药文化进校园宣讲活动在试点校中继续开展，进入中小学试点校授课 30 余次。值得一提的是，项目组师生分别于 2018 年 4 月和 9 月，来到河西区闽侯路小学和南开区新星小学，开展“中医药传统体育技能之导引养生功法进校园”活动，邀请有专业特长的老师到校给孩子们授课，现场体验传统体育技能的魅力。通过成立兴趣小组的形式，建立长效机制，每个学校授课达到 16 学时。孩子们学会了太极拳、八段锦。更为重要的是，教授者在教学中，将这些健身活动所蕴含的“和”之思想、天人合一的整体观、阴阳平衡的健康观等中医药文化核心理念以寓教于乐的形式传达给孩子们。

2019 年，项目组的宣讲活动又有进一步拓展。当年开办了中医名家进校园讲座，以增强学生对中医药悠久历史和中国传统文化的了解与认知，激发学生对于中医药文化的热情。项目组开展了多次讲座。6 月 12 日，邀请中医名家石学敏院士到和平区教育局为和平区中医药文化进校园试点校 500 余名师生代表做了题为“漫谈国粹针灸与中医养生保健”的讲座。10 月 25 日，项目组耿晓娟老师为和平区万全小学 60 余名师生、家长开设题为“中医保健常识”的讲座。10 月 25 日，项目组张丽老师为静海区大丰堆小学 60 余名学生开设中医药文化知识讲座。10 月 31 日，项目组邀请大丰堆小学 100 多名师生来到天津中医药大学参观校园，感受中医药文化，并由耿晓娟老师做了题为“中医药文化发展浅谈”的讲座。另外，项目组还联合红桥区、西青区卫健委开展了三场进校园中医文化健康讲座。11 月 8 日，天津中医药大学第一附属医院于涛副主任医师为霍元甲文武学校学生讲述“武术运动常见损伤及康复”。11 月 21 日，天津市中医药研究院附属医院邢桂霞副主任医师在红桥区求实小学开设题为“中小学生视力保护”的讲座。12 月 2 日，天津市中医药研究院附属医院李珺莹副主任医师在红桥区民族中学开设题为“冬季防痤疮青春痘中医治疗”的讲座。全年累计主办、协办中医药文化知识进校园名家讲座 7 场，师生听众近 5000 人次。

2019 年，经天津市卫健委、市教委核准，项目组又确定了天津市第二十中学、第五十五中学、新华中学、鞍山道小学、和平区中心小学、红桥区丁字沽小学、静海区大丰堆小学共7所中小学为天津市第二批中医药文化进校园试点校。

## 二、走进幼儿园

除了走进中小学，项目组还两次走进南开区第五幼儿园，分别举办了“幼儿识别中草药”和“家长课堂”两个专场活动。2017年5月19日，举办幼儿专场活动。天津中医药大学文化与健康传播学院的学生志愿者以“好看的花、好玩儿的草、好吃的果儿和神奇的豆儿”为主线，通过讲解和情景剧表演，向小朋友们介绍了他们在日常生活中可以见到的中药材。120位小朋友通过“看一看、摸一摸”的方式接触到中医药文化知识，在他们心中播撒下中医药文化的种子。2017年6月8日，举办家长专场活动。面对40位家长，项目组老师以中医育儿、小儿养生观念介绍和常用小儿推拿手法演示为主，为家长做了题为“从中医养生角度谈小儿养护”的专题讲座，使家长们更好地了解中医药文化，学习中医养生保健知识。

## 三、走进国际学校

2017年5月25日和6月7日，项目组分别走进泰达国际学校和天津惠灵顿学校。项目组成员全程用英文向来自十多个不同国家和地区的220余名青少年学生讲解中医药文化知识。项目组成员带领国际学生们辨识常见的中草药，了解性味功效，亲身体验端午特色的药囊制作。活动期间，项目组还通过问卷和访谈的方式调查了国际学生和外籍教师对中医药文化的认知情况。参与调查的国际学生有288人，外籍教师有56人。被调查者来自美国、英国、德国、澳大利亚、印度、墨西哥、加拿大、巴西、韩国、日本、加纳、南非等近20个国家和地区。参与调查的学生最小的9岁，最大的26岁，涵盖了小学、初中和高中年级。访谈的问题包括“中医药文化传播在您的国家的现状如何?”“可以了解中医药文化知识的途径有哪些?”“您认为中医药文化传播在您的国家存在什么问题?”“您想了解中医药文化哪一方面的内容?”等。

项目组除了抓住中小学生这个主体，还走近低龄儿童和外国小朋友，这成为天津地区入校宣讲的一大亮点。在国际学校开展的讲授与调查活动，为中医药文化的国际传播打开了新的思路。

## 第二节　中医药文化校外体验

除了校内宣讲，中医药文化进校园天津项目组还组织了多次针对中小学生的中医药文化主题校外体验活动。

### 一、夏令营

2017年8月26至27日，项目组组织了为期两天的中医药文化体验采风活动暨天津市青少年中医药“小记者”夏令营。这是全国首个中医药文化夏令营，来自全市近20个中小学的30名学生参与其中。26日，在今晚大厦举行了专业拓展训练，随后营员们参观了《今晚报》社。参观结束后，今晚网和《渤海早报》资深记者进行了摄影直播、新闻采访写作等精彩培训。培训结束后，项目组师生为营员们介绍了常见的中药药材，每位营员还亲手制作了中药药囊。27日，营员们参观了天津中医药大学新校区中药植物园和西青区京万红乐家老铺药酒工坊。在天津中医药大学新校区，孩子们聆听了中医药知识讲座，学习了中医保健技法并上台体验了中华传统武术。最后部分营员代表团队做了成果汇报，并由主办方为全体营员颁发了结业证书暨“今晚全媒体小记者”荣誉聘书。通过这次夏令营，孩子们对中草药有了直观认识，也了解了天津中医药悠久的历史文化。而且能用更加恰当的语言去描述丰富的中医药文化，对中医药文化也有了更加全面、亲切的体认。

### 二、吟诵会

为丰富中小学生校园文化生活，培养其高尚的道德情操，项目组遴选出历代与中医药文化密切相关的古典诗词，联合天津市少年宫组织了中小学生诗词(中医药题材)吟诵会，于2017年12月17日上午在天津市少年宫举行。中医药文化进校园首批试点校的师生代表参加了此次活动。天津中医药大学的师生和天津市少年宫的小演员们吟诵了中医药题材的诗词。师生代表与小演员们集体朗诵《大医精诚》，为此次活动画上了一个圆满的句号。孩子们陶醉于悠扬的古琴声中，沉浸在琅琅的诵读声中。中医药文化以及其中蕴含着的善良、诚实、仁爱、严谨的精神就这样一点一滴地融入学生们的心里。

### 三、周末营

2019 年 11 月 3 日，由天津中医药大学文化与健康传播学院、中医药文化研究与传播中心和《中老年时报》联合主办的“中医药文化周末营”成功举办。参加该活动的有和平区万全小学、万全第二小学、河东区互助道小学等学校的 40 多名学生、老师和家长，以及来自天津中医药大学文化与健康传播学院的 30 多名学生与老师。上午，小学生及家长、老师，天津中医药大学师生陆续到达京万红药业公司，分批次参观百年历史的乐家老铺中医药博物馆，了解乐家老铺的历史、多种多样的中草药以及老铺制药流程等。下午，参加活动的人员一同前往天士力集团中医药文化园参观，了解天士力文化以及天士力的先进技术，感受中医药文化悠久的历史及中医药现代化的魅力。

天津项目组不仅“走进去”，还将中小学生“请出来”，把中医药文化的课堂放到了更为广阔的天地，用更加丰富多彩的形式帮助孩子们亲近、理解和热爱中医药文化。

## 第三节 《中医药文化精选读本》编写与发放

### 一、读本编写

中医药博大精深，中医药文化源远流长。以读本的形式将中医药文化知识通俗易懂、轻松活泼地介绍给中小学生，也是实现中医药文化进校园的一个重要途径。在这方面，天津项目组做了很多有益的尝试。

2017 年 3 月，项目组成员已开始进行读本编写的前期调研。以网络调查和电话采访的方式，对国内十年来出版的针对中小学生的具备中医科普作用的纸质读物(或纸质与数字兼有的读物)进行了调研。分析调研结果后，在借鉴其他读本的基础上，从天津中小学生教材体系及天津中医药文化特色出发，结合现有中小学生的课程体系与知识结构，项目组把读本定位为中医药文化知识课外读物。根据不同学龄学生接受能力的差异，分为小学版和中学版两册。前期调研结束后，编写组着手进行书稿的编写工作。参编者为来自天津市社会科学界联合会(简称“市社科联”)、市教研室、天津中医药大学、天津师范大学等单位的 20

多名多学科专家。编写期间，共组织 6 次专家论证会。根据专家给出的意见和建议，编写组成员多次开会，对编写内容精益求精，在细节上不断打磨，力求编写出一本经得住历史考验的精品读本。2019 年 7 月，《中医药文化精选读本》由中国医药科技出版社正式出版。小学版全书共分 4 章：故事里的中医药、生活里的中医药、课本里的中医药、中医药步入新时代。根据 3 ~ 6 年级小学生的认知特点，章节设计分层递进，逐步提升。尽可能选取小学生熟悉且感兴趣的话题，并辅以大量生动的图片，引导他们了解古今名医的奉献精神，帮助孩子们树立正确的人生观和价值观。中学版选取中医药哲学文化、行为文化、物质文化 3 个层面的内容，包括 56 个中医药文化知识点，分为“识人体，解中医”“读课本，学中药”“观生活，明中医”“体民俗，感中医”“读名篇，叙中医”5 个章节，循序渐进，促使中学生了解中医药文化的常识。

### 二、读本发放

2019 年 7 月《中医药文化精选读本》出版后，项目组开始通过进校园宣讲、开设中医健康文化讲座、主办周末营、邀请学生走进天津中医药大学药山参观等多种方式向全市中小学生免费发放。到 2020 年已向和平区万全小学、红桥区求实小学、红桥区民族中学、河东区真理道小学、静海区大丰堆小学、西青区霍元甲文武学校等近 20 所中小学发放图书 2000 余册，受到学生、家长及社会各界广泛好评。

## 第四节　中医药文化进校园形式分析

经过 3 年来的实践探索，天津市“中医药文化进校园”已经形成独具特色的推广模式。其突出整体性设计，围绕传承与有效传播，形成了立体化、全方位、完整的、可复制的中医药文化传播的“天津模式”。这一模式的特色大致体现在以下 3 个方面。

### 一、开展调查有的放矢

2017 年 3 月，项目伊始，天津项目组即着手开展中小学生中医药认知度调查活动，与《今晚报》共同设计了主题为“你对中医了解多少?”的调查问卷，旨在调查天津市中小学生对传统中医药文化知识的兴趣和认知情况，并进一步探究他们对中医药文化的学习动机和中医行业职业规划等。问卷共设计了21道题目，包含学生个人基本信息、对中医药文化及中医药知识的认知、对于中医药的需求、自身健康状况、中医药文化传播途径五个维度。项目组于2017年4月开始，面向天津市两所小学(岳阳道小学、万全小学)、两所初中(天津市第六十一中学、天津市第九十中学)、两所高中(天津市第二十一中学、天津市第二南开学校)进行随机问卷调查，共回收有效问卷273份。问卷调查样本以初、高中生为主体，初中生占58.98%、高中生占24.90%、小学生占12.09%，未答题者占4.03%。调查结果显示，总计近20%的受访中小学生出现情绪低落、易生病等亚健康的状况，可见对其进行健康理念和知识的传播，已经尤为重要和紧迫。前期充分的调查，为天津项目组各项活动的成功设计、顺利开展提供了具体目标、坚实基础和重要保证。

## 二、寓理论于实践中

中医药知识是理论知识，中医药文化则蕴含在日常生活中的方方面面，具有很强的实用性和可操作性。面对中小学生，单单给他们灌输中医药知识，不仅单调枯燥，接受效果不好，而且有可能会适得其反，使他们产生厌烦和抵触心理。对此，天津项目组采取寓理论于实践的方式，如在宣讲中大量穿插实践操作，引发学生兴趣，加深他们的理解和印象。开设夏令营、周末营等活动，让学生们一边动手，一边动脑，在欢笑声中拉近了孩子们与中医药之间的距离。再如《中医药文化精选读本(小学版)》的每一个知识点都分为“读一读”“学一学”“想一想”三个模块，中学版的每一个知识点都分为“想一想”“学一学”“谈一谈”三个部分。从生活实际出发，最终又落脚于实际生活。让学生们在读书的过程中始终明白一点，即中医药文化并非只是停留于书本上，更是存在于生活中。总之，天津项目组努力让孩子们在实践中学习中医药知识、掌握自我保健技能、形成中医思维和观念。

## 三、点面结合全面开花

中医药文化进校园，仅着眼于中小学是不够的，因为中医药的传承与传播，是全社会的事情，是一项整体工程。天津项目组深谙这一点，他们组织开展的各项活动正体现了以点带面、以面促点、点面结合的效果。整个项目计划如同一个个同心圆，以直接面向中小学生的活动为核心，由这个核心不断向外扩散、辐射，不仅涉及幼儿园的学前儿童、国际学校的外籍师生，还面向全社会的普通民众，最终将中医药文化传播到整个社会，融入百姓心中。

中医药文化进校园，中医药文化的大众传播，这一使命光荣且艰巨，任重而道远。

附录一：

# 中医健康素养促进项目——中医药文化进校园项目
# 天津中医药大学团队名单

## 2017 年中医健康素养促进项目——中医药文化进校园

负 责 人：毛国强
成　　员：阚湘苓　王　蕾　李增艳　田　露　王小莹　耿晓娟　英　孝
刘　洋　薄　彤　陈红梅　白迪迪　张　丽　张海涛　段懿洲
李兰兰　安岩峰　屠金莉　张　庆　李　鹏　李　静　杨　峥
学生助理：兰　羽　乔玉蓉　韩祯玮

## 2018 年中医健康素养促进项目——中医药文化进校园

负 责 人：毛国强
成　　员：阚湘苓　薄　彤　陈红梅　张　丽　耿晓娟　张海涛　张　涛
白迪迪　段懿洲　孔令彬　屠金莉　安岩峰　田　露　李德杏
王　蕾　王小莹　张媛媛　李增艳
学生助理：赵雅茹　徐熙蔓

## 2019 年中医健康素养促进项目——中医药文化进校园

负 责 人：毛国强
成　　员：薄　彤　白迪迪　孔令彬　耿晓娟　陈红梅　张　丽　张海涛
李兰兰　屠金莉　段懿洲　朱媛媛　安岩峰　刘立荣　张　瑾
杨一丹　段　煜　钱宇晨
学生助理：郭郡郡　何梦瑶

## 2020 年中医药文化进校园活动团队名单

负 责 人：毛国强
成　　员：薄　彤　陈红梅　张　丽　张海涛　白迪迪　耿晓娟　李兰兰
李　鹏　安岩峰　孔令彬　段　煜
学生助理：郭郡郡　刘　佳

附录二：

# 市卫计委、市教委关于印发<br>2017年中医药文化进校园活动实施方案的通知

各区教委、天津中医药大学：

为贯彻落实《天津市人民政府办公厅关于转发市卫计委拟定的天津市贯彻中医药发展战略规划纲要(2016—2030年)实施方案的通知》(津政办发〔2017〕12号)，促进中医药文化、健康知识和养生理念的校园传播，特制定本实施方案，请遵照执行。

项目实施中的问题和建议请及时向市卫计委中医一处、市教委体卫艺处反馈。

天津市卫计委、天津市教委

2017年5月5日

# 2017 年中医药文化进校园活动实施方案

## 一、活动背景

为落实国家卫生和计划生育委员会(现国家卫生健康委员会)、国家中医药管理局、天津市委及市政府对健康工作的要求以及对中医药工作的部署,为落实全方位、全周期保障人民群众健康的目标任务,根据《天津市人民政府办公厅关于转发市卫计委拟定的天津市贯彻中医药发展战略规划纲要(2016—2030 年)实施方案的通知》,今年在我市部分试点地区和学校开展 2017 年中医药文化进校园活动。

## 二、活动意义

中医药学是中华传统文化的优秀代表,凝聚了几千年的健康养生理念及其实践经验,在学校尤其是中小学中传播中医药健康知识对于学生培养良好的健康习惯,提高健康素养,提高民族文化自豪与自信具有重要意义。

## 三、活动主要内容

### (一)举办校园讲座

在首批试点小学和中学(见附件)举办中医药文化和科普知识讲座。针对小学高年级和初中低年级设计讲座内容,由市卫计委、市教委审核备案后实施。

### (二)教职员工科普宣讲

对全市小学和中学教职员工开展中医药文化、基础理论、健康知识集中宣讲,使之深入了解中医药文化,掌握简单的中医药预防保健技术和方法,加深对中医药的理解和认同,更好地指导学生认识中医药。具体讲座时间和地点另行通知。

### (三)开发读本

编写具有天津地方特点的、适合不同年龄段学生阅读的《天津市中小学中医药读本》。经相关部门审核后面向全市中小学生免费发放。

### (四)中医药文化进校园主题宣传活动

组织中医药主题科普宣传活动、制作发放中医药主题宣传品等,营造中医药文化进校园的良好氛围。

## 四、活动组织形式

天津市卫计委、天津市教委共同主办,天津中医药大学承办。

附件:中医药文化进校园活动试点学校名单(第一批、第二批)

# 附件1　中医药文化进校园活动试点学校名单（第一批）

1. 天津市和平区万全小学
2. 天津市和平区万全第二小学
3. 天津市和平区第六十一中学
4. 天津市河西区珠江道小学
5. 天津市河西区环湖中学
6. 天津市南开区水上小学
7. 天津市南开区崇化中学
8. 天津市河东区互助道小学
9. 天津市第五十四中学
10. 天津市河北区扶轮小学
11. 天津市河北区扶轮中学
12. 天津市红桥区红桥小学
13. 天津市红桥区泰达实验中学

# 附件 2 中医药文化进校园活动试点学校名单（第二批）

经天津市卫健委、市教委同意，天津中医药大学中医药文化进校园项目组又确定了 11 所中小学为天津市第二批中医药文化进校园试点校。

1. 天津市第一中学
2. 天津市第二十中学
3. 天津市第五十五中学
4. 天津市新华中学
5. 天津市第四十二中学
6. 天津市鞍山道小学
7. 天津市和平区中心小学
8. 天津市红桥区丁字沽小学
9. 天津市静海区大丰堆小学
10. 北京师范大学附属静海学校
11. 天津海河教育园区南开学校

# 第三篇

## 国内中医药文化读本编写研究

# 第三章　全国中小学生中医药文化读本研究

## 第一节　中小学生中医药文化读本研究背景

2007 年 7 月 7 日，印着“中医中药中国行”字样的大旗被时任国务院副总理吴仪女士庄严地交到旗手手中，标志着新中国成立后级别最高的中医药科普宣传活动在北京中华世纪坛正式启动。十余年来，在中医药科普活动如火如荼开展的同时，出版了各种层次的中医药科普图书，其中有几十种针对中小学生的中医药文化知识读物。2017 年 1 月 25 日，中共中央国务院印发《关于实施中华优秀传统文化传承发展工程的意见》，作为中华优秀传统文化内容之一的中医药文化的传承与发展备受青睐；2 月 14 日，在中国人民大学附属中学召开了来自全国各地的大中小学校长、幼儿园园长、专家学者参加的“中医文化进校园校长研讨会”，之后全国各地掀起了“中医药文化进校园”热潮，其中不少地区均设计了针对中小学生的中医药文化知识读本或教材，针对中小学生的中医药文化知识读本的创作如雨后春笋般涌现。

### 一、研究目的及意义

本研究对近年来出版的 40 多种针对中小学生的中医药文化知识读本，从读本的适用对象、知识范畴、表达形式、图文设计、文字深浅等方面进行统计，在统计分析基础上归纳每种读物的特点。最后，总结目前全国中小学生中医药文化读本编写存在的问题，并提出解决问题的对策。这有助于进一步创作适合中小学生中医药文化水平的读本，切实实现以中医为载体的中华优秀文化在中小学生中的传承与传播。

### 二、研究现状

中医药文化是源远流长、生生不息的中华文化，它涉及生命健康问题且不局限于医学治疗，广泛地影响着人们日常生活的许多方面。例如：重阳节与插茱萸的节日活动，“春捂秋冻”的生活道理，打太极拳、做八段锦的日常锻炼等。这些都充分说明中医药文化与我们的日常生活密切相关。因此，为了提高全民的健康意识，在中小学教育中传播中医药健康文化是必要的。中医药读本以书籍为文化载体，是一种行之有效、传播广泛的中医药文化科普方式。现将前人对中医药文化科学普及的相关研究陈述如下。

### （一）中医科普研究情况

张庆祥的《中医科普教育存在的问题与对策》（2004 年）一书指出，在基础教育中，中医药文化的科普宣传不够广泛；崔百宁等的《农村青少年科普知识需求状况的调查与分析》（2013 年）指出了文字科普对于青少年吸引力较弱的客观问题；李赣、平立、黄景山等的《青少年中医药科普教育模式实践探索》（2014 年）论述了在青少年中开展中医药科普教育工作的必要性和难点，初步探索了青少年中医药科普教育模式；宁蔚夏的《多渠道加快中医科普人才培养》（2015 年）等成果提出了健全中医科普的对策。总体来看，目前学术界对此类问题有所关注但不够深入，特别是缺乏直接针对中小学生的中医科普读本整理和研究的成果。

### （二）中小学生中医药文化教育研究情况

柳夕浪的《教育研究可否向中医学借鉴点什么》（2008 年）认为，借鉴中华医学的思维方式、生命理念等能够形成具有中国气派的教育研究思路与品格；陶景琳、周京媛、赵阳的《培养小学生中医药文化素养的实践研究》（2014 年）指出，通过两年的时间对此项目进行实践研究，采用依托学校地域优势、实施特色教育等方法，这样既传播了中医药文化，也让学生接受了劳动教育；邓淑文的《中医文化永续　川台情谊不断——记川台学生中医药瑰奇之旅》（2016 年）提到，两岸以同根同源的中医药文化为媒介，加深、加大了学生群体之间的交流。

### （三）中小学生中医药文化读本研究情况

2009 年 5 月 23 日，在第二届北京中医药文化宣传周上，构思新颖的中医科普读物《青少年中医药文化知识普及读本》由北京出版社出版。梁永宣等的《集体智慧的结晶——谈〈青少年中医药文化知识普及读本〉的诞生》（2009 年）指出，该书的编纂是在社会兴起“取消中医”之风、政府强调要进一步加强中医药文化建设的背景下完成的，因此其具有重要的社会意义和文化意义。在此基础上，工作小组还以人物为主线、穿插历史事件,并配置了精美的插图,使全书图文并茂,更适合小读者阅读;王晨云的《中医功能社区文化载体研究》(2015 年)探索研究了中医药文化初级读本。此文指出由于初级读本面向对象的特殊性,所以其编纂不同于一般的中医药文化读本,读本的编写必须注重趣味性、浅显性、图像化、可读性、生动性等特点;袁俊红的《中小学读物插图中常见的六大问题及对策分析》(2016 年)从图文照应、是否符合历史事实和生活常识、是否注意到地域性差异等角度分析了中小学读物插图的常见问题,并提出了相应对策。

### (四)中医药文化及教材进中小学校园情况

韩爱庆、穆芳园、陶丝雨等的《北京市中学生生命健康观及对中医药文化认知需求的调研分析》(2016 年)目的在于了解被调查者的生命健康观现状,以及对中医药文化的认知度和需求。此文认为,普及中医药文化,进行生命观、健康观教育,已经成了迫切需求。2017 年 4 月 10 日,浙江省名中医研究院举行小学教材《中医药与健康》首发仪式。它是全国首套小学中医药教材,浙江省也成为首个将中医药知识纳入中小学地方课程的省份。4 月 11 日,多位学者共同探讨中医药课本进小学的长远意义,一致认为中医药课本走进小学能够弘扬传统文化。2017 年 8 月,《中医药文化》系列教材在北京举行首发式。中国工程院院士、中国中医科学院院长、天津中医药大学校长张伯礼出席并发言:“《中医药文化》系列教材的编写是一件非常有意义的工作。这套教材把中医文化的精髓与当代素质教育结合起来——现代教育以线性思维为主,而中医药学强调系统科学、追求平衡,这种整体观是东方人所特有的,也是中华文明的核心和精华。通过中医药教育使学生掌握东方思维,能够影响他们的一生。”黄齐超的《中医教材走进课堂,不妨在争议中前行》(2017 年)一文以“浙江省将在全省小学中开设中医课程一事”为背景,经过充分论证,认为中医药文化走进课堂有百益而无一害。蔡敏婕的《广东举办“中医药文化进校园”活动》(2017 年)记录了一次由省中医药局牵头,广州市教育局主办,广州神农草堂、广雅中学承办的“中医药文化进校园”系列活动,为国内各地普及中医药文化提供了范例。杨明会的《中医药文化进校园的教育意义及社会价值》(2017 年)指出,中医药文化进校园功在当代,利在千秋,翔实地论述了其诸多意义和价值。孙碧莹、申晨、陈其凤等的《北京市中学生关于中医药文化认知度的调查研究》(2017 年)调查了北京市中学生对于中医药文化的认识程度,以期对“中医药文化进校园”活动提出建议。何清湖、陈洪的《中医药文化进校园重在进课堂》(2018 年)提出,必须充分发挥课堂主渠道的作用,才能真正将中医药文化进校园落到实处。

## (五)中小学生中医药文化读本出版情况

据调查,近十年来已出版的中小学生的中医药文化科普读物主要有:①北京市中医管理局、北京市教育委员会编著,北京出版社 2009 年出版的《青少年中医药文化知识普及读本(小学版)》;②毛春燕主编,军事医学科学出版社 2013 年出版的《中医药文化启蒙教育系列教材》,这套读本共包括《伤寒论简明读本》《黄帝内经简明读本》《中药汤头歌诀诵读本》《中医名医少儿读本》《中医中药少儿读本》,合计 5 种;③复旦大学出版社 2014 年出版的《中小学生中医药科普读物》,这套读本包括《小小推拿师》《身边的〈黄帝内经〉》《身边的药用植物》《经络的世界》《带你领略中医诊病的奥秘》《中医药掌故趣谈》《中小学生四季保健》《中医名家的故事》,合计 8 种;④夏阳撰写,新疆美术摄影出版社 2015 年出版的《青少年读点国粹知识:中医知识》;⑤甘肃庆城县中小学岐黄中医药文化地方教材编写委员会编写,甘肃人民出版社 2016 年出版的《青少年岐黄中医药文化知识读本(中学生试用)》《小学岐黄中医药文化知识读本(试用)》,合计 2 种;⑥王麟鹏撰写,人民卫生出版社 2016 年出版的《中医健脑操(中小学生读本)》;⑦浙江省中医药管理局组织编写,浙江科学技术出版社 2017 年出版的《中医药与健康(小学五年级适用)》;⑧陈子杰等主编,人民卫生出版社 2018 年出版的《中医药文化校园普及读本》;⑨阚湘苓、李淳主编,中国中医古籍出版社 2018 年出版的《讲好中医故事系列读物》,包括《杏林初探寻中医》《衣食住行访中医》《诗情画意品中医》《四大名著知中医》《出口成章话中医》《医家医著学中医》,合计 6 种;⑩姬领会著,中国医药科技出版社 2018 年 8 月出版的《漫画中医之人体保卫战系列(第一辑)》,包含《趣说五行和气血津液》《趣说脏腑》《趣说经络》《趣说阴阳》,合计 4 种;⑪朱姝、李文华、刘红燕著,中国医药科技出版社 2018 年 11 月出版的《中医药世界探险故事系列》,包括《神秘的仙草》《海洋探宝》《惊险的梦》《奇怪的游戏》《神奇的古玉》《星空奇遇记》,合计 6 种;⑫湖南中医药大学张明等编撰,中国中医药出版社 2018 年 11 月出版的中学生课外科普读物《读故事知中医丛书》,包括《中医名家励志故事》《中医经典古文选读》《中医锻炼法超简单》《中医成语故事》《大中国名药地理》《奇妙有趣的中医世界》《中医疗法治百病》《趣说食疗》《中草药的美丽传说》《家有小郎中》,合计 10 种;⑬毛国强、阚湘苓主编,中国医药科技出版社 2019 年 9 月出版的

《中医药文化精选读本(小学版)》《中医药文化精选读本(中学版)》,合计2种。以上合计13个系列,近50种。

近年来,各地出版了不少针对中小学生的中医药文化读本,这些读本各有特色,但也有很多雷同之处。随着中医药文化进校园活动的深入开展,面对各个地区不同形式的中小学生中医药科普读物,读者容易在选择上不知所措。因此,亟需对这些已出版的中小学生中医文化知识读本进行再研究,探究这些读本的优势与不足,在前人研究基础上进一步提出适合中小学生的中医药文化知识精品读本的建设性意见与对策。本文在读本现状的调查研究基础上,针对天津中小学生日常生活中的中医药文化知识需求展开问卷调查,根据读本现状与中小学生实际需求,探讨中医药文化知识读本编写策略。

## 三、研究方法

### (一)文本分析

近年各地出版的针对中小学生的中医药文化知识读本约13个系列近50种,从读本的适用对象、知识范畴、表达形式、图文设计、文字深浅等方面进行统计,在统计分析的基础上归纳描述每种读物的特点。最后,总结目前全国中小学生中医药文化知识读本编写中存在的问题。

### (二)调查研究

向天津五年级、七年级、八年级的学生发放《天津市中小学生日常生活中的中医药文化调查问卷》进行调查,并对113份有效问卷进行数据统计分析,了解中小学生日常生活中常用的中医药文化知识情况。

### (三)归纳研究

在开展学生需求调查、读物文本特点与不足分析的基础上,综合提出中小学生中医药文化知识读本编写对策与方案。

## 第二节　中小学生中医药文化读本研究

下面针对搜集到的近十年来面向中小学生或青少年出版的中医药文化知识读本，在统计归纳基础上从以下几个方面进行研究分析。

### 一、中小学生中医药文化读本的分类研究

目前，已出版的中医药文化知识读本的内容和形式多种多样，我们按不同的分类标准可以呈现以下类别情况。

#### （一）按读本适用对象分类

**1. 小学生**

中医药文化知识读本的读者对象为小学生的有：①北京市中医管理局、北京市教育委员会编著的《青少年中医药文化知识普及读本（小学版）》；②毛春燕主编的《中医药文化启蒙教育系列教材》，适宜小学三至六年级的学生阅读；③甘肃庆城县中小学岐黄中医药文化地方教材编写委员会编写的《小学岐黄中医药文化知识读本（试用）》，适用于小学四至六年级的学生阅读；④浙江省中医药管理局组织编写的《中医药与健康（小学五年级适用）》，为五年级学生上下两学期的教材；⑤阚湘苓、李淳主编的《讲好中医故事系列读物》，主要针对小学三至五年级的学生阅读；⑥姬领会著，中国医药科技出版社2018年8月出版的《漫画中医之人体保卫战系列（第一辑）》；⑦朱姝、李文华、刘红燕著，中国医药科技出版社2018年11月出版的《中医药世界探险故事系列》，其绘本的形式适合小学生，特别是低年级的学龄儿童阅读；⑧陈子杰等主编，人民卫生出版社2018年出版的《中医药文化校园普及读本》，按中小学生学制，从小学到初中再到高中，每个学期全年级覆盖；⑨阚湘苓、毛国强主编，中国医药科技出版社2019年出版的《中医药文化精选读本（小学版）》。

总之，目前出版的适合小学生阅读的中医药文化知识读本有9个系列31种，成为已出版中医药文化知识读本的主要部分。

**2. 中小学生**

中医药文化知识读本的读者对象是中小学生（青少年）的有：①复旦大学出版社2014年出版的《中小学生中医药科普读物》；②夏阳撰写的《青少年读点国粹知

识:中医知识》;③甘肃庆城县中小学岐黄中医药文化地方教材编写委员会编写的《青少年岐黄中医药文化知识读本(中小学生试用)》;④王麟鹏撰写,人民卫生出版社2016年出版的《中医健脑操(中小学生读本)》。

总之,目前出版的中医药文化知识读本有4个系列10种,将中小学生作为一个整体的阅读对象来对待,没有进行细致的区分。

3. **中学生**

中医药文化知识读本的读者对象是中学生的有:①湖南中医药大学张明等编撰,中国中医药出版社2018年11月出版的中学生课外科普读物《读故事知中医丛书》;②毛国强主编,中国医药科技出版社2019年出版的《中医药文化精选读本(中学版)》。合计两个系列涉及11种读物。

总之,目前出版的中小学生中医药文化知识读本主要是以小学生为读者群,且多为小学中高年级的读者。而专门针对中学生的中医药文化知识读物相对较少。

### (二)按读本出版发行机构分类

1. **中国中医药出版社**

2018年11月出版的中学生课外科普读物《读故事知中医丛书》,合计1个系列10种。

2. **人民卫生出版社**

2016年出版《中医健脑操(中小学生读本)》,2018年出版《中医药文化校园普及读本》,合计两个系列25种。

3. **中国中医古籍出版社**

2018年出版《讲好中医故事系列读物》,合计1个系列6种。

4. **中国医药科技出版社**

2018年8月出版《漫画中医之人体保卫战系列(第一辑)》,2018年11月出版《中医药世界探险故事系列》,2019年9月出版《中医药文化精选读本(小学版)》《中医药文化精选读本(中学版)》,合计3个系列12种。

5. **军事医学科学出版社**

2013年出版《中医药文化启蒙教育系列教材》,合计1个系列5种。

#### 6. 其他

其他一些出版社也出版了中医药文化相关青少年读物，如北京出版社 2009 年出版的《青少年中医药文化知识普及读本（小学版）》，浙江科学技术出版社 2017 年出版的《中医药与健康（小学五年级适用）》，复旦大学出版社 2014 年出版的《中小学生中医药科普读物》，新疆美术摄影出版社 2015 年出版的《青少年读点国粹知识：中医知识》，甘肃人民出版社 2016 年出版的《青少年岐黄中医药文化知识读本（中学生试用）》《小学岐黄中医药文化知识读本（试用）》，合计 5 个系列 15 种。

由此可见，参与中小学生中医药文化知识读本编辑出版的机构从国家层面的出版机构，如人民卫生出版社、中国中医药出版社、中国医药科技出版社等，到地方甚至大学出版机构均有参与，在短短数年内多家出版机构投入中小学生中医药文化知识读本的出版中。其中，中国医药科技出版社是唯一出版了完整的 3 个系列小（中）学阶段中医药文化知识读本的出版机构，而且其出版风格独特新颖，适合当代中小学生的阅读习惯，有望得到更多中小学生读者的喜爱，从而有效传播中医药文化知识。

### （三）按读本编者团队分类

#### 1. 北京中医药大学为主的团队

2009 年梁永暄等编写《青少年中医药文化知识普及读本（小学版）》。2018 年李峰、陈子杰等编写《中医药文化校园普及读本》（应为 24 种，但目前通过网络只收集到 4 种）。两个系列应为 25 种。

#### 2. 上海中医药大学为主的团队

2014 年编写《中小学生中医药科普读物》，1 个系列 8 种。

#### 3. 浙江中医药大学为主的团队

2017 年编写《中医药与健康（小学五年级适用）》，1 个系列上下两种。

#### 4. 天津中医药大学为主的团队

2018 年编写《讲好中医故事系列读物》；2019 年编写《中医药文化精选读本（小学版）》《中医药文化精选读本（中学版）》，两个系列 8 种。

#### 5. 湖南中医药大学为主的团队

2018 年编写中学生课外科普读物《读故事知中医丛书》，1 个系列 10 种。

**6. 甘肃中医药大学为主的团队**

2013 年编写《中医药文化启蒙教育系列教材》、2016 年甘肃庆城县中小学岐黄中医药文化地方教材编写委员会编写《青少年岐黄中医药文化知识读本(中学生试用)》《小学岐黄中医药文化知识读本(试用)》,合计两个系列 9 种。

**7. 山东中医药大学为主的团队**

2018 年编写《中医药世界探险故事系列》,合计 1 个系列 6 册。

**8. 中宣部项目支持团队**

该团队在 2018 年获得中宣部"中华优秀传统文化传承发展工程"项目《全国中小学中医药文化知识读本》的支持,由中国中医药出版社组织,由国医大师孙光荣、王琦主编,方剑桥、何清湖教授执行主编,他们与全国中医药行业及中小学教育界专家学者团队一起完成了这套重要读本的撰写工作,并于 2020 年 5 月正式出版,在 2020 年 9 月新学期与中小学生见面。

2020 年 5 月 23 日,大连医科大学中西医结合学院中药方剂学教研室董佩佩博士主持,中国中医药出版社教材出版中心主任沈承玲主讲题为《中医药文化传播普及要从娃娃抓起——以〈全国中小学中医药文化知识读本〉项目策划、编写出版为例》的腾讯视频直播学术会议。沈承玲在报告中指出,《全国中小学中医药文化知识读本》定位为培养中小学生的健康生活理念,培养他们的健康生活方式,通过读本的形式可把中医药的科学价值、中医药的健康养生理念、中医药的文化和精神传递给每一个学生、每一户家庭。基于这样的定位,《全国中小学中医药文化知识读本》设计了小学版和中学版,分别设上册和下册,共 4 册,每册 18 学时。在内容表现形式方面,特别考虑中小学生的年龄特点和阅读习惯。在读本中,以讲故事为主要形式,注重故事的趣味性,知识点设计直观、感性。中学生注重知识的系统性,为能力培养奠定基础,中学生还强调学习的主动性,适当增加思考性内容。为了满足中小学生的阅读习惯,做了专业插画,最后形成了图文并茂、生动活泼的效果。

小学版分为 6 个单元,每个单元 6 课时,一共 36 课时,每一册 18 学时,我们希望孩子们在一个星期至少能上一节课。它的内容包括医史人物、中医思维、中药常识、养生知识及针灸推拿等生活中的中医药。六个单元分别为爱上中医药、身体的信号、疾病的起因、健康的秘诀、中医的智慧、有趣的中药。每篇课文分为"读一读""想一想""学一学""做一做"4 个部分:"读一读"精选趣味性、科学性和实用性强的小故事,使教学内容尽量贴近学生的认知水平和阅读兴趣;"想一想"通过对故事的解读让学生理解故事背后的中医药文化的精华和智慧;“学一学”向学生介绍与故事相关的中医药知识,使之成为他们今后多种健康行为的动因;“做一做”让学生在实践活动中体验中医药文化的博大精深。《全国中小学中医药文化知识读本(小学版)》用一个个通俗易懂、生动有趣的故事娓娓道来,巧妙地诠释中医药深奥的基本概念和基本理论,让孩子们通过读故事慢慢理解体会中医药文化所蕴藏的哲学智慧和传统文化思想,在心中燃起“信中医、爱中医、用中医”的火苗。

中学版分为上下册,每册包括 3 个单元,每个单元包括 6 课时,共计 36 课时。内容包括走进中医药、趣话中医药、深邃的中医智慧、浩瀚的本草宝库、独特的中医技术、生活里的中医锦囊。每篇课文包括文前导读、正文主体、最后是“想一想”“议一议”“找一找”“做一做”。第一单元是“走进中医药”,介绍中医药的发展简史、中医古籍、古代医家以及中医现代化、国际化发展。第二个单元为“趣话中医药”,讲述成语、诗词、对联、谜语、节气、节日里的中医药文化知识。第三单元是“深邃的中医智慧”,阐释中医药在防病治病方面所形成的丰富的理论思想。第四单元为“浩瀚的本草宝库”,讲解中医本草、道地药材、药食同源、中药炮制、名药名方等相关知识。第五单元为“独特的中医技术”,介绍针灸、推拿、按摩、艾灸、刮痧、火罐及传统保健运动等常见中医防病治病技术。第六单元为“生活里的中医锦囊”,讲解起居养生、情志调摄方法及近视、肥胖、青春痘、痛经等青少年常见病症的日常调治。

9. **其他团队**

一些中医药文化爱好者或科普专家个人编写了某方面的适合中小学生阅读的中医药文化知识题材的读物,如姬领会 2018 年编写的《漫画中医之人体保卫战系列(第一辑)》;王麟鹏 2016 年撰写的《中医健脑操(中小学生读本)》;夏阳 2015 年撰写的《青少年读点国粹知识:中医知识》。合计 3 个系列 6 种。

总之,从以上中小学生中医药文化读本的著作责任者来看,主要是由各大中医药院校组织相关领域的专家学者团队进行科普图书的编撰。这为保证读物质量提供了专业知识基础。此外,其他地区在中医药文化进校园活动中出版了内部使用的教材或读物,因未见公开出版,所以没有纳入和统计。

### (四)按读本编撰内容分类

1. **中医药理论知识的读本**

军事医学科学出版社 2013 年出版的《中医药文化启蒙教育系列教材》;复旦

大学出版社 2014 年出版的《中小学生中医药科普读物》中的《身边的黄帝内经》《身边的药用植物》《带你领略中医诊病的奥秘》《中医药掌故趣谈》《中医名家的故事》;新疆美术摄影出版社 2015 年出版的《青少年读点国粹知识:中医知识》;浙江科学技术出版社 2017 年出版的《中医药与健康(小学五年级适用)》;人民卫生出版社 2018 年出版的《中医药文化校园普及读本》;中国中医古籍出版社 2018 年出版的《讲好中医故事系列读物》;中国医药科技出版社 2018 年 8 月出版的《漫画中医之人体保卫战系列(第一辑)》;中国医药科技出版社 2018 年 11 月出版的《中医药世界探险故事系列》、2019 年 9 月出版的《中医药文化精选读本(小学版)》《中医药文化精选读本(中学版)》;中国中医药出版社 2018 年 11 月出版的《读故事知中医丛书》中的《中医名家励志故事》《中医经典古文选读》《中医成语故事》《大中国名药地理》《奇妙有趣的中医世界》《中医疗法治百病》《中草药的美丽传说》《家有小郎中》,合计 8 个系列 32 种。

2. **中医药适宜技术的读本**

人民卫生出版社 2016 年出版的《中医健脑操(中小学生读本)》《小小推拿师》《中医锻炼法超简单》。合计 3 个系列 3 种。

3. **中医药理论知识与适宜技术相结合的读本**

北京出版社 2009 年出版的《青少年中医药文化知识普及读本(小学版)》;复旦大学出版社 2014 年出版的《中小学生中医药科普读物》,这套读本包括《经络的世界》《中小学生四季保健》,在介绍相关理论知识的同时,涉及中医推拿按摩保健技术的练习;甘肃人民出版社 2016 年出版的《青少年岐黄中医药文化知识读本(中学生试用)》《小学岐黄中医药文化知识读本(试用)》;中国中医药出版社 2018 年 11 月出版的《读故事知中医丛书》中的《趣说食疗》,合计 4 个系列 15 种。

总之,针对中小学生的中医药文化知识读本基本以理论知识为主。虽然技术操作训练有利于加强互动性,但因其有一定的技术难度,因而目前主要在与中小学生日常生活有关的推拿按摩、健脑药膳等常见保健技术方面有所涉及,主体读物还是以中医药理论知识层面的传播为主要内容。

综上,我们将中医药文化知识读本从读者对象、出版机构、编者团队、内容编撰特色等四个层面进行分类研究,发现当前的读本主要是以小学生特别是小学中高年级的学生为主要读者对象,专门针对中学生的中医药文化知识读物相对较少。从出版机构层面来看,在短时间内从国家到地方、从专业出版机构到综合出版机构均有介入,但多次不断出版此类图书的机构仅有中国医药科技出版社,显示其出版此类图书的资源和经验相对丰富。这类图书的编者主要为各大中医药院校的中医药专业老师,保证了图书的科学性。目前,这类读物或教材的主要内容偏重中医药文化理论知识的普及,但如何把中医的适宜技术推广普及中小学生的日常生活中,培养中小学生的健康意识,帮助其养成健康的生活习惯,仍然值得进一步探索。

## 二、中小学生中医药文化读本的编撰形式及语言风格

多数读本运用生动活泼、通俗易懂的文字,采用漫画等图文结合的形式,拟人化的修辞来创编故事,传递中医药文化知识,符合中小学生的阅读习惯。有 3 个系列直接在标题上就明确标识了读物体裁为“故事”,如中国医药科技出版社 2018 年出版的《中医药世界探险故事系列》、中国中医古籍出版社 2018 年出版的《讲好中医故事系列读物》、中国中医药出版社 2018 年出版的《读故事知中医丛书》。即使部分读物题目为“××读本”“××教材”,其正文也多采用人物故事或典故来编辑内容,如北京出版社 2009 年出版的《青少年中医药文化知识普及读本(小学版)》、中国医药科技出版社 2019 出版的《中医药文化精选读本(小学版)》《中医药文化精选读本(中学版)》。因此,故事体裁是所有读物的共性,这也是针对中小学生进行中医药文化知识科学普及的需求所决定的,读物的故事体裁已经在编者与读者之间达成了共识。但不同读物在图文结合比例、文字深浅程度、故事创编情况等方面有着细微差异。

### (一)图文结合情况

我们若从图文所占版面多少来看,可以大致分为图文比例约为 1∶1、图文比例高于 1∶1、图文比例低于 1∶1 三种类型。

**1. 图文比例约为 1∶1 的读物**

中国中医古籍出版社 2018 年出版的《讲好中医故事系列读物》;人民卫生出版社 2016 年出版的《中医健脑操(中小学生读本)》;中国医药科技出版社 2019 年出版的《中医药文化精选读本(中学版)》。合计 3 个系列 8 种。

**2. 图文比例高于 1∶1 的读物**

北京出版社 2009 年出版的《青少年中医药文化知识普及读本(小学版)》,中

国医药科技出版社2019年出版的《中医药文化精选读本(小学版)》图文比例大约为2∶1;复旦大学出版社2014年出版的《中小学生中医药科普读物》中《经络的世界》《小小推拿师》图文比例为5∶1;中国医药科技出版社2018年出版的《漫画中医之人体保卫战系列(第一辑)》,有的图文比例为3∶1,有的为5∶1。这类图比文字占版面多的读物合计4个系列8种。

**3. 图文比例低于1∶1的读物**

浙江科学技术出版社2017年出版的《中医药与健康(小学五年级适用)》图文比例为1∶2;中国中医药出版社2018年11月出版的《读故事知中医丛书》图文比例为1∶2;复旦大学出版社2014年出版的《中小学生中医药科普读物》中《身边的药用植物》图文比例为1∶2,《身边的黄帝内经》图文比例为1∶5,《带你领略中医诊病的奥秘》《中小学生四季保健》《中医药掌故趣谈》《中医名家的故事》图文比例为1∶7;《青少年岐黄中医药文化知识读本(中学生试用)》《小学岐黄中医药文化知识读本(试用)》图文比例为1∶7;新疆美术摄影出版社2015年出版的《青少年读点国粹知识:中医知识》图文比例为1∶7;军事医学科学出版社2013年出版的《中医药文化启蒙教育系列教材》图文比例为1∶3;中国医药科技出版社2018年11月出版的《中医药世界探险故事系列》图文比例为1∶7。这类文字比较多的读物合计7个系列34种。

此外,在图文的结合上,我们发现了一个现象,复旦大学出版社2014年出版的《中小学生中医药科普读物》(8种),其中《经络的世界》《小小推拿师》的图文比列高达5∶1,而同一系列的其他6种《身边的药用植物》《身边的〈黄帝内经〉》《带你领略中医诊病的奥秘》《中小学生四季保健》《中医药掌故趣谈》《中医名家的故事》,图文比例为1∶2、1∶5、1∶7不等。据所讲述的中医药文化知识内容的差异来设计图文比例,将推拿这种操作性强的内容提高图文比例,对《带你领略中医诊病的奥秘》这样理论性强的内容多采用文字描述。这种图文设计,虽然没有保持系列图书图文比例的一致性,但却更好地表达了内容。

## (二)图画风格

这些读物的插图以漫画为主,同时有漫画与人体生理、病理、药物、诊疗场景等实物照片的结合,还有漫画与中医推拿、按摩、药膳、保健等操作技术步骤图的结合,甚至有漫画与实物照片和操作技术图三者结合,下面一一说明。

**1. 中国国画风格的漫画**

如中国医药科技出版社 2018 年 8 月出版的《漫画中医之人体保卫战系列(第一辑)》;中国医药科技出版社 2018 年出版的《中医药世界探险故事系列》,2019 年出版的《中医药文化精选读本(小学版)》《中医药文化精选读本(中学版)》;中国中医古籍出版社 2018 年出版的《讲好中医故事系列读物》中的《杏林初探寻中医》《四大名著知中医》《出口成章话中医》《医家医著学中医》;中国中医药出版社 2018 年出版的《读故事知中医丛书》中的《中医名家励志故事》《中医经典古文选读》《中医成语故事》《奇妙有趣的中医世界》《中医疗法治百病》;军事医学科学出版社 2013 年出版的《中医药文化启蒙教育系列教材》;复旦大学出版社 2014 年出版的《中小学生中医药科普读物》中的《中医药掌故趣谈》《中医名家的故事》。合计 6 个系列 26 种。

**2. 漫画与实物照片的结合**

中国中医药出版社 2018 年 11 月出版的《读故事知中医丛书》中的《中草药的美丽传说》有漫画与药物实物照片结合的插图;浙江科学技术出版社 2017 年出版的《中医药与健康(小学五年级适用)》在插入漫画的同时,有生活中的中医药文化场景或药物实物照片的插图;新疆美术摄影出版社 2015 年出版的《青少年读点国粹知识:中医知识》在漫画基础上有经络穴位生理图或医用实物照片;复旦大学出版社 2014 年出版的《中小学生中医药科普读物》中《身边的〈黄帝内经〉》《带你领略中医诊病的奥秘》有诊疗场景及器物照片,其中《身边的药用植物》中有 35 张药用植物照片。合计 4 个系列 6 种。

**3. 漫画与技术操作图的结合**

北京出版社 2009 年出版的《青少年中医药文化知识普及读本(小学版)》,在插入漫画的同时,还有制作常用小中药的技术操作图;中国中医古籍出版社 2018 年出版的《讲好中医故事系列读物》中,《衣食住行访中医》除漫画之外还有养成良好身姿的操练图,《诗情画意品中医》除漫画之外还有梅花茶的制作图;中国中医药出版社 2018 年出版的《读故事知中医丛书》中,《趣说食疗》既有漫画,又有酸梅汤做法等技术操作图;人民卫生出版社 2016 年出版的《中医健脑操(中小学生读本)》既有漫画,又有大量健脑动作操作技术图。合计 4 个系列 5 种。

#### 4. 漫画与实物照片、技术操作图的结合

中国中医药出版社2018年出版的《读故事知中医丛书》中《中医锻炼法超简单》有漫画、穴位生理照片和塑造修长美腿的方法等技术操作图,《中医疗法治百病》有漫画、穴位器具照片和刮痧手法等技术操作图,《家有小郎中》有漫画、穴位生理照片和拔丝山药的做法等技术操作图,《大中国名药地理》有漫画、药物实物照片和冰糖木瓜奶的做法等技术操作图;复旦大学出版社2014年出版的《中小学生中医药科普读物》中《经络的世界》有漫画、人体生理穴位照片和大量介绍经络保健的自我按揉法的技术操作图,《小小推拿师》有漫画、人体生理照片和推拿动作技术的操作图,《中小学生四季保健》有漫画、人体生理或穴位照片和银耳粥的做法等技术操作图;甘肃人民出版社2016年出版的《小学岐黄中医药文化知识读本(试用)》有漫画、人体穴位照片和推拿等技术操作图。以上合计3个系列10种。

总之,中小学生中医药文化知识读本在图画风格上,以中国风的漫画风格为主,兼有人体生理、病理、药物、诊疗场景等实物照片和中医推拿按摩药膳保健等操作技术步骤图。与漫画所起到的增添趣味性来烘托读本内容的作用不同,这些专业照片与操作步骤图除了形象表达中医药文化知识之外,它们更强调准确地表达专业知识,反映了人体科学与医疗技术等专业领域的特点。另外,我们看到了兼顾专业知识与故事情节趣味性的科普类漫画;也看到了仅突出故事情节的趣味性而忽视了中医药专业知识的普通漫画。中医药文化知识类读物的插图应既体现专业知识又兼顾中国传统文化,同时具有直观性和趣味性,以上都是我们在这类图片处理中需要注意的问题。

### (三)语言文字叙述风格

中医药文化知识读本除了引用医古文时运用文言文外,其他基本都采用白话文,多采用叙述性的语言来描述中医药文化知识。比较有特色的读本语言表达情况如下。

#### 1. 中医药知识嵌入完整的故事叙述中

中国医药科技出版社2018年出版的《中医药世界探险故事系列》采用故事叙述的方式,以完整的、趣味横生的故事作为载体,将中医药知识融入其中。在保持系列故事连续性的同时,潜移默化地讲述中医药相关知识,不易引起读者的阅读疲劳,不失为一种好的形式,适合初次接触中医药文化知识的读者,也适用于低龄

儿童。

**2. 运用修辞生动描述中医药知识**

中国医药科技出版社 2018 年出版的《漫画中医之人体保卫战系列(第一辑)》运用大量精准的比喻修辞,形象地传达了中医药文化知识。在《趣说脏腑》中,将胃、小肠、大肠、膀胱、胆分别比作厨房用具中的新菜盆、洗菜盆、垃圾桶、废水盆和洗涤剂瓶,有利于读者从日常生活场景中来理解人体各个脏腑的生理功能,将概念性的知识通过取像比类可视化,生动形象地描述了艰深的中医概念。

**3. 卡通漫画承载中医药文化知识**

中国医药科技出版社 2019 年出版的《中医药文化精选读本(小学版)》,立足于小学生的阅读特点,通过一个个小故事,辅以卡通漫画形象,讲述故事里蕴藏的中医药文化知识以及中医文化哲理,图文并茂,形象传神。

**4. 严谨的科普语言突出中医药文化精髓**

中国医药科技出版社 2019 年出版的《中医药文化精选读本(中学版)》,遵循中学生的认知规律,以通俗的科普小故事为载体,通过"识人体,解中医""读课本,学中医""观生活,明中医""体民俗,感中医""读名篇,叙中医"五个章节传递医药文化知识,化繁为简,深入浅出,培养中学生对于中医药文化的感知与热爱。

总之,这种故事性、形象性的语言,便于将深奥的中医药文化知识深入浅出又生动有趣地传播给中小学生,适合他们的认知与接受习惯,有利于提高传播效果,达到普及中医药文化知识的目的。此外,为了拉近古老中医药知识与现代中小学生之间的距离,编者还从中小学生日常生活中挖掘素材,如中小学生常见的身心问题、电视或网络等传递的与中医药有关的元素、当前热播的中医药题材的影视剧等,从而很好地传递"中医药文化知识就在我们身边延续"这一信息。这样可以激发中小学生从日常生活中主动发现中医药文化知识,让中医药文化精神得以实实在在地传承下去。

## 三、中小学生中医药文化读本的内容研究

读本所覆盖的中医药文化知识的范畴、相同知识点在不同读本中的分布情况是怎样的?我们深入了解目前读本内容的编撰情况,从中归纳出读本知识层面的

特色,这样的研究对于进一步编撰新读本、明确内容题材选取范围十分有益。对此,我们在分类统计的基础上就 13 个系列 43 种读本的知识分布进行了归纳,详情如下。

## (一)从知识角度对读本的分类研究

### 1. 中医药知识的分类标准:理论与技术

中医药文化知识,涉及中医药学的多个方面,既包括中医理论知识,又涉及中医临床技术知识。在读本编写中适当采用一些科学的设计,既可以实现形式上的美感,更是为了服务于内容上的安排,使读本兼具知识性、趣味性、审美性。下面以 43 种读本的知识内容为基础,研究其"医疗技术动作示范图"的设计情况,将中医药文化读本分为理论知识型读本、技术操练型读本和理论兼技术操练型读本三种类型。其中,没有"医疗技术动作示范图"设计的均为理论知识型读本,现分类如下(见表 3-1)。

表 3-1 43 种读本的内容分类情况

| 读本类别(种数) | 读本名称 |
|---|---|
| 理论知识型(37 种) | 《中医药掌故趣谈》《带你领略中医的奥秘》《诗情画意品中医》《医家医著学中医》《杏林初探寻中医》《趣说阴阳》《趣说脏腑》《趣说经络》《趣说五行和气血津液》《神秘的仙草》《神奇的古玉》《奇怪的游戏》《惊险的梦》《星空奇遇记》《海洋探宝》《中医疗法治百病》《中医经典古文选读》《中医成语故事》《中草药的美丽传说》《青少年点读国粹知识:中医知识》《中药汤头歌诀诵读本》《中医药与健康(小学五年级适用)》《大中国名药地理》《中医名家励志故事》《奇妙有趣的中医药世界》《青少年中医药文化知识普及读本(小学版)》《小学岐黄中医药文化知识读本(试用)》(第二册)《身边的〈黄帝内经〉》《中小学生四季保健》《经络的世界》《衣食住行访中医》《出口成章话中医》《四大名著知中医》《趣说食疗》《家有小郎中》《中医药文化精选读本(小学版)》《中医药文化精选读本(中学版)》 |
| 技术操练型(2 种) | 《小小推拿师》《中医锻炼法超简单》 |
| 理论兼技术型(4 种) | 《中医健脑操(中小学生读本)》《漫画中医养生保健素养 42 条》《小学岐黄中医药文化知识读本(试用)》(第一册,第三册) |

### 2. 从理论与技术角度的读本分析

从表3－1可见，43种中小学中医药文化读本中，理论知识型读本37种，医疗技术操练型读本2种，理论兼技术操练型读本4种。43种读本中理论知识型读本数量上占据绝对优势，理论兼技术操练型读本其次，技术操练型读本最少。中小学生读物的理论知识和技术操练知识主要由其内容决定，理论性强的读物则知识性强；实践性强的读本则操练性强，二者并无水平高低之分。中医药文化知识读本中，医学技术操练性读本目前的数量极少，但《小小推拿师》《中医锻炼法超简单》中所提及的各类推拿手法、运动习惯等是中医药文化知识中不可分割的内容，也是中医适宜技术中能对中小学生的日常生活产生影响的重要内容。这类读物的编撰多有临床医生介入，由中医医生在中小学生中进行中医适宜技术推广普及是可行的，这也是引导中小学生养成健康生活方式的有效途径之一，可有效传播中医文化思维。所以这类读本不多的现状，应该引起编写者们的重视。目前读本内容虽以理论知识的普及推广为主，但仍兼顾了医学技术知识，这也提示我们中医药文化兼具理论性和实践性，在向中小学生推广时，如何兼顾中医药理论知识与实践操作技术性知识，是读本编写不可回避的问题。

## （二）读本内容涉及的中医药知识范畴研究

### 1. 中医药知识点的梳理

将13个系列43种读本的中医药文化知识内容一一梳理归纳，进行研究。中国医药科技出版社2019年出版的《中医药文化精选读本（小学版）》，包括“故事里的中医药”“生活里的中医药”“课本里的中医药”和“中医药步入新时代”4章，下设“神农辨药尝百草”“仲景饺子疗冻疮”“厨房里面中药多”“春困秋乏谈养生”“槐树周身全是宝”“重阳佳节话茱萸”“中药诺奖屠呦呦”“外国人学习中医热”等板块，内容涵盖古今中外，分层递进、循序渐进地将养生知识、药食知识、医家人物等中医知识（合计28个知识要点）熔铸在故事中，为高年级的小学生娓娓道来，在孩子们的心中播撒中医药文化的种子。《中医药文化精选读本（中学版）》则涵盖阴阳五行、形体官窍、气血津液、经络腧穴、望闻问切、疾病预防、中药知识、养生知识等中医知识（合计56个知识要点），旨在帮助中学生了解中医药基础知识，提升学生对中医药文化的认知水平，同时在中医药文化体验中，激发学生对祖国传统医学、对中华民族文化的热爱。

通过对现有的 43 种针对中小学生的中医药文化读本的中医药知识进行梳理分析，发现这些读本中的知识大致可以分为三个方面。①中医基础知识，具体包括：中医观念和思维方式、阴阳、五行、气血、津液、脏腑、经络、病因、病机、诊法、辨证、预防与治则、中药、方剂 14 类。②中医养生保健知识，具体包括：饮食养生、运动养生、时令养生、起居养生、情志养生、经穴养生、体质养生、性保健 8 类。③医家、医著、医事、医术知识，具体包括中医医生、中医著作、中医历史故事、中医治疗技术 4 类。以上 26 大类中医药文化知识被不同编者以不同的形式编进了现有的中小学生的中医药文化读本中。

**2. 中医知识点的频次统计与分析**

对 43 种读本中的中医知识点梳理后，制成中医药知识点出现频次图如下，其中横坐标是出现过的主要 26 类中医药知识点，纵坐标是每一类中医药知识点在 43 种读物中出现的次数。

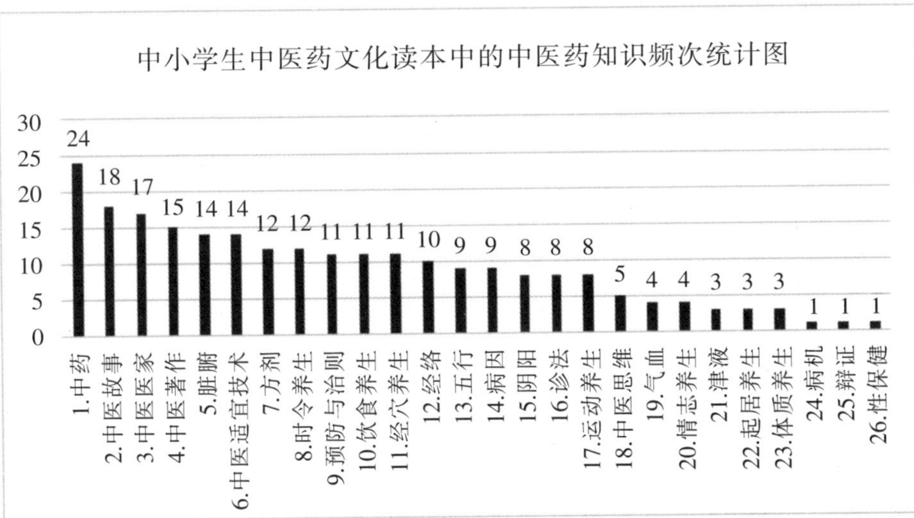


据图可知，目前中小学生中医药文化读本中主要涉及的 26 类知识，在 43 种读本中出现的次数及排列的情况。从该图的内容可以得知出现频率较高（ >14 次）的知识点为中药、中医故事、中医医家、中医著作、脏腑、中医治疗技术；出现频次居中（5 ~ 14 次）的知识点为方剂、疾病防治、四时养生、经穴养生、饮食养生、运动养生、体质养生、阴阳、五行、经络、病因、诊法；出现频率较低（ <5 次）的知识点为情志养生、整体观念等中医思维，气血、津液、病机、辨证论治等理论知识。

（1）出现频次较高的中医药文化知识。中药等具象的物态文化知识，作为中医药文化的核心知识之一而备受关注;中医故事则利用讲故事的形式普及中医药文化,而且中医故事的内容往往会涉及中医著作和中医医家;中医治疗技术如针灸、拔罐、推拿等适宜技术,大多数已经被应用在日常生活中;脏腑知识是从中医角度了解人体结构常识的重要知识范畴。以上知识要么具象可观、要么有着深厚的文化底蕴、要么在日常生活中能解决一般疾病问题,成为读本中出现频次较高的知识点,是中小学生中医药文化知识读物中应涉知识点共识度最高的部分。这也基本符合中医药文化知识的特点,以及中小学生读者群的特点。

(2)出现频次居中的中医药文化知识。疾病防治作为中医区别于西医的独特治疗原则而被反复提及;时令养生、饮食养生、运动养生内容广泛,是人们经过长时间的实践积累而得到的宝贵经验,在日常生活中有一定普适性,也是中小学生养成健康生活方式所需要的知识;治病必先判断病因,病因内容同样占据着不小的篇幅。

(3)出现频次较低的中医药文化知识。剩下的部分知识因为内容比较晦涩难懂(如辨证论治、病机等)而不那么受读本编者们的青睐。气血津液虽为基本的中医概念,但因其专业性过强,在中小学生的现实生活中不常见而不被过多关注;同样,中小学生对心理疾患方面的内容有需求,但却较少接触中医"情志"的内容。这些知识都因中医专业性太强,在现实生活中用得少,在普及读物里难以给中小学生讲解清楚,因此大多数读物都选择回避或少说。在具体操作中可将其理念熔铸到中医故事里来渗透传递,而不通过概念性的讲述来传达,这是由中小学生的思维能力及科普读物的特点决定的。

总之,通过对43册中小学生中医药文化知识读本的内容范畴及知识频次进行分析,我们发现,在面向中小学生传播中医药文化知识的时候,编者们对有些知识达成了共识,如中医药文化故事的讲解、学生日常生活中的中医养生保健知识等。但有的知识出现频率较低,甚至没有出现过,这表明目前多数编者认为这类知识(如辨证论治、病机等)应慎重写入中小学生的中医药文化读本里。这一发现为读本编写过程中内容知识点的选择提供了参考依据。不过,这是从目前市面上的读本情况分析得到的初步结论,还须结合不同地域、不同年龄层次的中小学生的需求来进一步选编适合的中医药文化知识。

3. **中小学生中医药文化知识读本的内容特点**

对以上43种中小学生中医药文化知识读本的知识点进行一一梳理与分析,我们还可得到以下认识。

(1)不同读本对中医药文化知识的覆盖面不同。每种读本对中医药文化知识点的处理不同,有的在一本书里兼顾多个中医药文化知识点,有的只突出了某个专题领域的中医药文化知识。一书一专题的情况如下。

《中医药世界探险故事——神秘的仙草》《中医药世界探险故事——海洋探宝》《中草药的美丽传说》《身边的药用植物》《中药汤头歌诀诵读本》是中药专题知识;《中医药世界探险故事——星空奇遇记》是医家人物专题;《趣说阴阳》是阴阳专题知识;《趣说脏腑》是脏腑专题知识;《趣说经络》《经络的世界》是经络专题知识;《趣说五行和气血津液》是五行和气血津液专题知识;《中小学生四季保健》是四季保健专题;《小小推拿师》是推拿专题;《带你领略中医诊病奥秘》是诊断专题;《中医名家励志故事》是上古到明清 80 多位医家故事;《趣说食疗》是食疗知识专题等。而这些不同专题的中医药文化知识读本,又多被设置在一系列丛书中。这也符合一套丛书从整体上兼顾各个方面的中医药文化知识的编排设计。

(2)同一读本的中医学科知识范畴有别。从中医学科知识的范畴来看,有的读本偏重中医药知识的传播,有的偏重中医药技术的操练,还有的在大量知识传播的同时也传播了小部分的适宜技术。这能很好体现中医药学这门学科的综合性,既包含中国传统社会科学知识,又是一门有关生命、疾病、健康的科学技术。

其中最具代表性的是《中医药掌故趣谈》(中小学),它的知识点分布情况如下(见表 3 -2)。

**表 3 -2　《中医药掌故趣谈》(中小学)知识点分布表**

| 序号 | 知识类别 | 知识的情况 | | |
|---|---|---|---|---|
| 1 | 五行 | 肝胆相照 | 五行配五脏 | 七情六欲 |
| 2 | 脏腑 | 五脏六腑 | 唇红齿白 | 心惊肉跳 |
| 3 | 经络 | 针灸铜人 | | |
| 4 | 病因 | 情郁于中 | 中合人事 | |
| 5 | 诊法 | 病入膏肓 | | |
| 6 | 疾病防治 | 病笃乱投医 | | |
| 7 | 中药 | 何首乌 | 覆盆子 | 肉灵芝 |
| 8 | 方剂 | 刻碑传药方 | 君臣佐使 | |

待续

（续表）

| 序号 | 知识类别 | 知识的情况 | | |
|---|---|---|---|---|
| 9 | 饮食养生 | 囫囵吞枣 | 食不厌精 | |
| 10 | 运动养生 | 流水不腐 | 五禽戏 | |
| 11 | 情志养生 | 目光炯炯 | 忐忑不安 | 多愁多病 |
| 12 | 时令养生 | 杏林春暖 | | |
| 13 | 经穴养生 | 安常神针 | | |
| 14 | 中医医家 | 扁鹊三兄弟 | 药王孙思邈 | 医圣张仲景 |
| 15 | 中医著作 | 《伤寒杂病论》 | 《本草纲目》 | 《针灸甲乙经》 |
| 16 | 中医故事 | 悬壶济世 | 橘井泉香 | 范彬救危 |
| 17 | 中医治疗技术 | 起死回生 | 三折肱 | 刮骨疗伤 |

由此可见，为了向中小学生传播中医药科普知识（如阴阳五行、脏腑经络、病因诊断、疾病防治、中药方剂、医家医著、养生保健等），编者从中医药掌故出发，通过讲故事的形式，将故事里蕴含的中医药文化知识揭示出来。因此，在故事中潜移默化地传播中医药文化知识，既是了解中医药文化知识的过去、现在与未来的必要方法，也是对中国传统文化精髓的发扬与传承，更成为中小学生了解中医药文化知识的重要途径。

### （三）各类读本的共性与个性、优势与不足

综上，我们从读本的类型、编撰形式及语言风格、知识分布等角度对 13 个系列 43 种中小学生中医药文化知识读本进行了研究，现进一步归纳它们的共性与差异、优势与不足。

1. **共性**

考虑到科普读本的受众是中小学生，读本编写者们在文字上都以通俗易懂作为编写原则；在中医药知识分布上，选择的知识点多为基础层面的，如中医基础知识、中医养生保健知识等；在版面编排上，均采取图文结合的形式。

2. **差异**

在中医药知识分布上，部分读本涉及的知识点较多，如《身边的〈黄帝内经〉》，将《黄帝内经》涉及的阴阳五行、脏腑经络、病因诊断、方药治则、养生保健等知识

均纳入其中;部分读本涉及的知识范围较少,甚至仅是某一专题的知识,如《趣说脏腑》,只涉及了中医脏腑的知识。在图文编排上,部分读物的文字比例远大于图画,如《趣说食疗》,图文版面比例达到1∶7;部分读物文字比例远小于图画,如《趣说经络》,图文版面比例达到7∶1。在语言表达上,大部分读物都比较生动形象,部分读物特色突出,具有一定的创新性。

3. **优势**

部分读物如《神奇的古玉》,采用故事的形式将中医药知识穿插其中,适合低龄学生阅读,起到了科普读物寓教于乐的作用;部分读物编排清晰,知识分布均匀,图画生动有趣,与文字高度契合,在书页底部添加名言、俗语、谚语等,能够有效地吸引读者,也方便教师将其作为课堂读本来使用;部分读物如《中小学生四季保健》,将时令养生、饮食养生、起居养生巧妙地组合起来,注重实用性,可以用于指导中小学生的日常生活。

总之,这些读本在内容的选择与图文的编排上,多符合中医药文化的特色与中小学生的阅读需求,很好地向中小学生传播了中医药文化知识。

4. **不足**

部分读物如《小小推拿师》,一味堆砌知识,过于专业和全面,容易使学生失去阅读兴趣;部分读物如《神秘的仙草》,故事的比重明显过大,导致中医药文化知识的科学性受到局限;部分读物如《趣说食疗》,文字比例过大,趣味性不足。总之,中医药文化知识读本的编写须在原有基础上进一步突破,力求将中医药专业知识与学生的日常生活有机结合,在保证内容科学的基础上,以中小学生喜闻乐见的表达形式,将中医药知识更加科学、有效地普及中小学生的日常生活之中,让他们感受到中华文化之美,增强文化自信

综上,对于读本编写中那些好的经验,需要后来的编写者保持和发扬;而对于前人的不足或问题,需要后来的编者根据读者需求及读物内容综合考量来进行完善。最终,一步一步提高中小学生中医药文化知识读本的编写质量,使中医药文化知识真真切切地走进校园,促成青少年健康生活方式的养成,增强青少年对中国优秀传统文化的自信。

# 第三节　对天津市中小学生中医药文化读本认知情况的调查研究

在中华民族复兴、国家大力发展中医药的大背景下，学习和继承中医药文化已经成为学校教育的内容之一。我们认为，编写面向中小学生的中医药文化知识读本是一种行之有效的方法。而中小学生对中医药文化读本的认知情况怎样？我们针对天津市五年级、七年级、八年级的学生，从中医药文化读本的需求、图文风格及内容的喜好、阅读渠道等角度进行了认知情况的问卷调查。调查结果分析如下。

## 一、资料与方法

我们采用统计与分析相结合的研究方法，抽样调查天津中小学生课外读物中中医药文化读物的认知情况，探究容易被中小学生接受的中医药文化读本的内容与编撰形式，为今后读本的编撰提供参考。

### （一）问卷设计

我们自行设计了《天津市中小学生对中医药文化读本的认知情况调查问卷》，确定了包括 5 个维度的 17 个问题：①个人基本信息，包括性别、年级；②中小学生日常生活中的中医药文化读本需求情况；③中小学生对中医药文化读本图文风格的喜好情况；④中小学生对中医药文化读本内容的期待情况；⑤中小学生获取中医药文化知识的渠道。

### （二）数据收集与整理

采用纸质问卷调查，运用 SPSS 22.0 统计软件对数据进行管理分析。涉及统计学方法有数据描述及相关性分析，如卡方检验，以 $P<0.05$ 为差异具有统计学意义。

### （三）调查对象

以天津市中小学生为调查对象，采取整群抽样的方法，分别调查了天津市和平区万全小学 5 年级学生 39 名，天津市南开区崇化中学 7 年级学生 42 名，8 年级学生39名,共发放调查问卷120份,获得有效问卷113份。其中,男生占53.1%,女生占46.9%。

## 二、调查分析

中小学生对中医药文化读本的认知情况调查,共计17道题(见附录2),问卷调查的数据统计结果(不含被调查者基本情况)见表3-3。

表3-3　中小学生对中医药文化读本的认知情况

| 题目 | 选项 | 样本量 | 百分比% |
|---|---|---|---|
| 3. 你的课外读物中有专门的中医药文化知识读物吗? | A. 有 | 40 | 35.4% |
| | B. 没有 | 71 | 62.8% |
| | 缺失值 | 2 | 1.8% |
| 4. 若有中医药文化方面的课外书,你会选来阅读吗? | A. 会 | 43 | 38.1% |
| | B. 不会 | 20 | 17.7% |
| | C. 看情况 | 49 | 43.3% |
| | 缺失值 | 1 | 0.9% |
| 5. 如果学校开设中医文化课程或体验活动,你会参加吗? | A. 会参加 | 57 | 50.4% |
| | B. 不会参加 | 14 | 12.4% |
| | C. 不确定 | 41 | 36.3% |
| | 缺失值 | 1 | 0.9% |
| 6. 阅读课外书籍,你常常看的是哪类? | A. 文字读物 | 39 | 34.5% |
| | B. 文字与图画都有的读物 | 46 | 40.7% |
| | C. 电子设备上的视听读物 | 23 | 20.4% |
| | 缺失值 | 5 | 4.4% |
| 7. 图文并茂的课外读物中,你喜欢图画与文字的比例是多少? | A. 1∶4 | 49 | 43.4% |
| | B. 2∶4 | 41 | 36.3% |
| | C. 3∶4 | 20 | 17.7% |
| | 缺失值 | 3 | 2.6% |
| 8. 阅读图文并茂的课外读物时,你喜欢什么样的图片? | A. 大的 | 18 | 15.9% |
| | B. 小的 | 14 | 12.4% |
| | C. 适中的 | 65 | 57.5% |
| | D. 无所谓 | 14 | 12.4% |
| | 缺失值 | 2 | 1.8% |

(待续)

（续表）

| 题目 | 选项 | 样本量 | 百分比% |
| --- | --- | --- | --- |
| 9. 课外读物的图画风格，你喜欢哪种？ | A. 国画 | 16 | 14.2% |
| | B. 漫画 | 51 | 45.0% |
| | C. 国画漫画混搭 | 40 | 35.4% |
| | D. 其他 | 3 | 2.7% |
| | 缺失值 | 3 | 2.7% |
| 10. 你喜欢半文言半白话的课外读物吗？ | A. 喜欢 | 45 | 39.8% |
| | B. 不喜欢 | 32 | 28.4% |
| | C. 没读过不知道 | 17 | 15.0% |
| | D. 无所谓 | 14 | 12.4% |
| | 缺失值 | 5 | 4.4% |
| 11. 你觉得什么样的中医课外书会吸引你？ | A. 只有文字的 | 19 | 16.8% |
| | B. 有文字有漫画的 | 69 | 61.1% |
| | C. 只有漫画的 | 12 | 10.6% |
| | D. 有声读物 | 6 | 5.3% |
| | E. 无 | 2 | 1.8% |
| | 缺失值 | 5 | 4.4% |
| 12. 若请你来选择中医文化课外读物，以下哪个因素是你首先要考虑的？ | A. 知识正确 | 31 | 27.4% |
| | B. 有趣味 | 22 | 19.4% |
| | C. 有故事性 | 14 | 12.4% |
| | D. 图文并茂 | 7 | 6.2% |
| | E. 形式多样 | 3 | 2.7% |
| | F. 其他 | 3 | 2.7% |
| | 缺失值 | 33 | 29.2% |
| 13. 你希望中医药文化书籍里面讲什么内容？ | A. 只讲故事 | 10 | 8.8% |
| | B. 只讲中医理论 | 12 | 10.6% |
| | C. 只讲中药 | 5 | 4.4% |
| | D. 以上全都有 | 81 | 71.7% |
| | E. 其他 | 2 | 1.8% |
| | 缺失值 | 3 | 2.7% |

（待续）

（续表）

| 题目 | 选项 | 样本量 | 百分比% |
| --- | --- | --- | --- |
| 14. 你希望从中医药文化读物中看到哪些方面的中医药知识？（多选） | A. 中医的名人 | 56 | 49.6% |
| | B. 中医的古书 | 42 | 37.2% |
| | C. 中医的故事 | 66 | 58.4% |
| | D. 中医的草药 | 54 | 47.8% |
| | E. 中医的器物 | 43 | 38.1% |
| | F. 中医的历史 | 61 | 54.0% |
| | G. 其他 | 3 | 2.7% |
| 15. 在中医文化读本中，你希望接触哪些与中医有关的话题？（多选） | A. 环境与中医 | 37 | 33.6% |
| | B. 起居与中医 | 25 | 22.7% |
| | C. 运动与中医 | 48 | 43.6% |
| | D. 饮食与中医 | 57 | 51.8% |
| | E. 心理与中医 | 61 | 55.5% |
| | F. 其他 | 2 | 1.8% |
| 16. 阅读课外读物时，读物里设置的互动话题，你会参与吗？ | A. 会 | 29 | 25.7% |
| | B. 不会 | 21 | 18.6% |
| | C. 偶尔会 | 57 | 50.4% |
| | D. 没有注意 | 5 | 4.4% |
| | 缺失值 | 1 | 0.9% |
| 17. 你目前已有的中医药方面的知识一般是通过哪些渠道了解的？（多选） | A. 读一些涉及中医药信息的书籍 | 49 | 44.1% |
| | B. 电视上的养生节目或医药广告 | 59 | 53.2% |
| | C. 生物课课堂上 | 32 | 28.8% |
| | D. 网络上的游戏或故事 | 26 | 23.4% |
| | E. 参加学校举办的中国传统文化讲座 | 33 | 29.7% |
| | F. 祖父母、父母等长辈告诉的 | 55 | 49.5% |
| | G. 其他 | 3 | 2.7% |

以上调查数据涉及中小学生对中医药文化读本认知情况的 4 个维度，现将调查结果一一分析如下。

### （一）读本需求情况

就“你的课外读物中有专门的中医药文化知识读物吗？”这一问题，62.8% 的中小学生没有中医药文化知识的课外读物,35.4%的学生有。这说明目前多数中小学生在课外还没有阅读过中医药文化知识方面的读物。可见,中医药文化方面的读物在中小学生中的覆盖面还不够。

就“若有中医药文化方面的课外书,你会选来阅读吗?”这一问题,38.1%的学生会选择,而43.4%的学生则需要看情况而定,还有17.7%的学生不选择。说明学生目前对中医药文化主题课外书的阅读意愿不是很强烈,多数学生处于观望中。与此同时,就“如果学校开设中医药文化课程或体验活动,你会参加吗?”这一问题,不会参加的学生占12.4%,与课下不选择中医药文化读物的学生接近;而会参加的学生(50.4%)比课下会选择中医药文化知识读物的学生比例(38.1%)增加了12.3%,不确定看情况的学生比例(36.3%)比课下选择中医药文化读物处于观望的学生比例(43.4%)减少了近10%,说明中小学学校设置中医药文化方面的课程或体验活动,能够激发中小学生潜在的对中医药文化知识的需求。这提示我们,一方面,课程体系的设置等政策引导也是提升学生中医药文化需求的途径之一;另一方面,应加强读物的编写质量,以高质量的读物激发中小学生的阅读欲望。那么,中小学生喜好的读物形式与内容情况如何呢?

### (二)读本图文风格

就“阅读课外书籍,你常常看的是文字读物、文字与图画都有的读物,还是电子设备上的视听读物?”这一问题,喜欢文字与图画都有的读物的学生占40.7%,成为占比最高的情况,且选购图文并茂的课外读物时,图文比例为1∶4的学生占到43.4%;57.5%的学生喜欢图片大小适中。关于课外读物的图画风格,学生中有45.1%喜欢漫画,还有35.4%喜欢国画漫画混搭,说明漫画元素是中小学生喜欢的图画风格。就读物的文字风格而言,39.8%的学生喜欢半文言半白话的课外读物,而不喜欢的也达到了28.3%,中小学生中医药文化读物的文字风格还需再研究。

就“你觉得什么样的中医药文化课外书会吸引你?”这一问题,同样有61.1%的学生觉得有文字有漫画的中医课外书会吸引自己,这个比例最大,处于绝对优势。这说明中小学生对中医药相关的课外书的图文风格的期许与其他课外读物是一致的,这为中医药文化相关的课外读物创作形式指明了方向,也与我们从43种现有中医药文化读本的图文风格调查结果是一致的。说明编写者们对中小学生中医药文化知识读本的编撰形式,已经达成了共识。这也进一步证明中小学生非常在意读物的可读性或趣味性。

### (三)读本内容选择

就“若请你来选择中医药文化课外读物,以下哪个因素是你首先要考虑的?”这一问题,选“知识正确”的学生占 27.4%,居第一;有趣味、故事性分别占 19.5%和 12.4%,居第二和第三。就希望从这类读物中读到的具体内容而言,71.7%的学生希望中医的书籍里面讲故事、讲中医、讲中药。其中,具体的“中医的故事”最多,占 58.4%;其次是“中医的历史”,占 54.0%;然后是“中医的名人”,占 49.6%;“中医的草药”,占 47.8%;最后是“中医的器物”占38.1%;“中医的古书”占 37.2%。在中医文化读本的话题中,“心理与中医”是学生最希望接触的,占 55.5%;其次是“饮食与中医”,占 51.8%;然后是“运动与中医”,占 43.6%。可见,中小学生对读本内容的期望是具象的、有故事情节的中医药文化,同时这些知识能对他们在某方面有所帮助也是学生们期望的。这符合学生们的认知特点以及这类专业知识的特点。

### (四)读本普及渠道

就这些读物上的中医药文化知识普及的方式,50.4%的中小学生会去参加学校开设的中医文化课程或体验活动。在学习课外读物的自我阅读过程中,50.4%的学生偶尔参与读物里设置的互动话题。这提示我们在以读物为载体的中医药文化进校园活动中,还应该考虑活动方式的多样性。另外,就中小学生对中医药知识了解的渠道而言,多数学生是通过电视上的养生节目或医药广告(53.2%)和祖父母、父母等长辈那里获取的(49.5%)。说明中小学生接触中医药知识的渠道方式不够多样。

## 三、调查结果

通过对中小学生中医药文化读本的认知情况调查分析,我们看到,目前中小学生普遍缺失中医药文化方面的读物。中医药文化读物有待进一步推广到中小学生中并成为其课下读物的内容选择之一。同时,就中小学生喜好的读物形式与内容情况,经调查发现,中小学生认为读本需要图文结合、图片适中、设置互动话题、同时具备漫画与国画。从上一节对 43 种已经出版的读本情况分析可见,目前已经出版的读物大致上满足了这种形式的需求。在读本中医知识的内容设置上,他们最希望看到“中医的故事”,其次是“中医的历史”,然后是“中医的名人”和“中医的草药”，最后是“中医的器物”和“中医的古书”。而就内容而言，首先是谈“心理与中医”，其次是“饮食与中医”，然后是“运动与中医”，再是“环境与中医”，最后是“起居与中医”。这为我们进一步设计中小学生的中医药文化读物的内容提供了参考，如学生对于中医情志（心理）知识的需求应该引起读物编写者的重视，中医文化故事仍然是读物编写者深入挖掘的重要素材。学校有必要为中小学生开设中医文化课程或中医文化体验活动，并拓宽中医知识的传播渠道。

中医药文化进校园是一项惠及民生的公益事业，只有从娃娃抓起，在中小学的基础教育中渗透中医药文化的内容，将高等中医药教育和中小学基础教育有机结合，才能使优秀传统文化渗入青少年思想中，形成他们的思维模式，影响他们的行为规范，传承中国的传统文化，使他们成为中华民族伟大复兴的担当者。

## 第四节　中小学生中医药文化读本的编写对策与方案

我们就中小学生中医药文化读本和读者进行了两方面的调查分析与研究。一方面，搜集现有的针对中小学生或青少年的中医药文化读本作为研究材料，从不同角度探求中医药文化读本的编写情况；另一方面，基于中小学生的生理、心理、学习、生活等特征设计调查问卷，了解他们的阅读特点及中医药文化读本的阅读情况。根据我们的调查分析，从实际情况出发，提出有关中小学生中医药文化读本的编写对策与方案如下。

### 一、读本编写的对策

基于读者、读本实际以及中医药文化的特质，我们认为在编撰中小学生中医药文化读本过程中需要重视以下几个方面。

#### （一）读本目标定位

读本编写应以指导学生日常生活为目标。中小学生处于生长发育的关键时期，由于年龄、升学、考试压力等因素，在起居、饮食、运动、情志等方面难免存在困惑或不当之处，需要及时排解或调整。读本编写者应立足于中医药文化是健康文化的本质属性，在读本内容与形式的选取上，以能指导学生日常生活为标准，帮助学生理解中医药文化是指导健康生活的文化，满足他们日常生活保健的需求。同时，在中小学生价值观形成之初，通过对其进行适宜的中医知识引导，培养健康文化观念，可促进他们自觉维护中医药文化，构建中国传统文化思维，树立文化自信。

### （二）读本知识取舍

就读本的中医知识取舍上，应充分体现中医知识是"治身之术"的知识，从学生健康生活方式养成角度出发，兼顾中医药知识的理论与实践。中医药文化历史悠久，发展至今，既有理论上复杂精妙的一面，也有实践中简明扼要的一面，在现实生活中已经形成了拥有广泛群众基础的中医适宜技术，如简便易行的推拿按摩手法、中小学生的眼保健操、八段锦、太极拳，甚至广播体操，以及一些传统武术，都是适合中小学生的中医强身健体之术。但中医理论是中医药文化的核心内容，如何将久远、高深、专业的中医理论知识更好地传达出来，让学生们理解中医药文化的健康智慧？这为中医文化知识点的合理取舍提出了较高的要求。因此在读本编写中，我们认为应该充分体现这一要求，即读本是中小学生的科普性读物，在知识的选取上，不同于专业教材那样的面面俱到，而应有所侧重，如读本理论知识的选取可多考虑中医医家、中医书籍、中药等层面的中医故事，少涉及病因、病机、辨证治疗等医学专业性强的知识。

我们将现有 43 种读本中主要涉及的 26 类知识，按照每类知识出现频次的高低分为高、中、低三个层级，将读本中知识出现的频次情况与学生问卷调查时的需求情况进行对此研究，具体情况如下（见表 3 - 4）。

表 3 - 4　中医药知识在 43 种读本中出现的频次与问卷调查中学生的需求情况对照表

| | 知识内容 | 频次 | 需求 |
|---|---|---|---|
| 高频：<br>频次≥15 | 1. 中药 | 24 | + |
| | 2. 中医故事 | 18 | + |
| | 3. 中医医家 | 17 | + |
| | 4. 中医著作 | 15 | + |

（待续）

（续表）

| | 知识内容 | 频次 | 需求 |
|---|---|---|---|
| 中频：5＜频次＜15 | 5. 脏腑 | 14 | – |
| | 6. 中医适宜技术 | 14 | + |
| | 7. 方剂 | 12 | + |
| | 8. 时令养生 | 12 | – |
| | 9. 预防与治则 | 11 | – |
| | 10. 饮食养生 | 11 | + |
| | 11. 经穴养生 | 11 | + |
| | 12. 经络 | 10 | + |
| | 13. 五行 | 9 | – |
| | 14. 病因 | 9 | – |
| | 15. 阴阳 | 8 | – |
| | 16. 诊法 | 8 | – |
| | 17. 运动养生 | 8 | + |
| 低频：频次≤5 | 18. 中医思维 | 5 | + |
| | 19. 气血 | 4 | – |
| | 20. 情志养生 | 4 | + |
| | 21. 津液 | 3 | – |
| | 22. 起居养生 | 3 | + |
| | 23. 体质养生 | 3 | – |
| | 24. 病机 | 1 | – |
| | 25. 辨证 | 1 | – |
| | 26. 性保健 | 1 | – |

从表中可见，在43种读本中出现频率较高的知识，如中药、中医故事、中医医家、中医著作，也是问卷调查时学生一致认为需要的中医药文化知识。表明这类在读本中出现频率较高的知识符合中小学生的需求，应该成为读本编写时需要共同关注的知识点，并在编撰后续读物时坚持与完善其相关内容。

43种读本中出现的频率较低的知识，如辨证、病机、津液、气血等，也是问卷调查时学生一致认为不怎么需要的中医药文化知识。表明这类在读本中出现频率较低的知识不符合中小学生的需求，在读本编写时可以不考虑纳入。

43种读本中出现频率居中的知识，经问卷调查显示，这些不是学生特别需要的知识，如脏腑知识、时令养生、预防治则，以及五行、阴阳、病因、诊法等。而虽然在读本中出现频率居中，但也有一部分是学生认为需要的，如中医适宜技术、方剂、饮食养生、经穴养生、运动养生、经络等知识。这些被中小学生认为不是特别需要的知识，专业性均较强，学生们较难理解。因此，为了适应学生的接受情况，我们可以适当调整内容叙述的角度。如中医脏腑知识，我们可以从人体结构或生命奥秘等角度展开，并融入中医对脏腑的生命认知特点，从而拉近中医知识与小读者之间的距离，使他们易于接受并喜欢。同样的，"时令养生"的概念也是因为中小学生日常生活中接触不多而感到陌生。而同样是养生知识，日常生活中的健康饮食、运动保健却是中小学生们所熟悉并乐于接受的。因此，对于这类知识，在实际编写中可以先根据难易程度及实用与否进行筛选，再结合中小学生的生活实际进行编排，从而在古老的中医知识与现代中小学生之间架起一座桥梁，使学生更好地接受中医药文化知识，实现普及中医药文化知识的读本编撰目的。

综上，同一个中医药知识点，读本出现频次高的也是学生们所需要的，说明目前已出版的读物在知识的构建上基本满足了学生的需求。但学生有需求的"情志养生""运动养生""起居养生""整体思维"等中医文化知识在现有读本中体现得并不充分。提示读本编写不仅需要延续中药文化、医家故事、医书、适宜技术这些具象、易懂的中医文化知识，以及中医故事这种有情节、有趣味的中医知识，同时还须增加对学生情志调节、运动锻炼、起居作息等日常生活有指导作用的中医知识的含量，提高融入中医思维的中医药文化故事的内容质量。

### （三）读本素材选取

读本素材的选取应多与学生的实际阅读情形相适应。一方面，利用好中国传统文化精华如四大名著、成语故事中涉及的中医素材；另一方面，重视现有中小学教材中有关中医药的相关知识或包含中医药文化的元素，充分发挥中小学生教材作为中医药文化传播素材的作用，在文化课特别是语文、历史、体育、生命等课程的学习中接触中医药文化与思维。此外，学生日常生活中的经历如节日文化、起居作息、运动锻炼等场景下的素材也应该被充分挖掘与利用。总之，利用学生学习生活中已有的素材，挖掘其中的中医药文化，将中医药文化知识融入学生的日常生活，从而有效地传播中医药文化知识。

### （四）读本图文编排

读本图文编排通权达变，不同读本中存在某些共性，结合读本梳理和问卷调查，我们认为对读本图文比例可以采取3∶4、1∶2、1∶4、1∶5四种图文比例，但是必须考虑到中学生和小学生对图文比例的偏好有所不同，其中，中学生偏好文字多于图片，小学生偏好图片多于文字；考虑到中小学生的阅读习惯和中医药文化的传统文化风格，图画兼具漫画、国画风格更合适。

### （五）读本编写实施

读本编写应与中医药文化进校园活动有机融合，如将操练性读本和体育课结合起来，带领学生学习中华传统体育项目，使学生在潜移默化中感受传统文化的魅力；有效发挥课堂的作用，将部分读本设置成选修或必修课的教材，在探索中医药基础教育的实践中激发学生对中医药文化的热爱。在读本编撰过程中可开展读本样稿试点阅读，直接接收读者反馈，因此在将读本推向市场前，开展试点阅读可以较大限度地完善读本。试点阅读的对象包括中小学生、家长和老师。中小学生是读本编写的目标读者，对读本的意见和建议是最为直接的；家长负责孩子们的饮食、起居，对于读本内容指导学生日常生活方面的建议有重要作用；老师传授学生知识，了解学生在学习中的问题和困难，方便对读本的编排内容、形式等方面做出合理的建议。

## 二、读本编写的方案

综合以上情况分析，制订简明的编写方案如下。

步骤一：读者定位（确定是中学生还是小学生）和知识点选择。

步骤二：素材收集、整合。

步骤三：进行图文编排，形成样稿。

步骤四：开展读本样稿试点阅读，适当听取各方意见和建议，指导读本的修改完善工作。

步骤五：读本定稿和市场推广。

尽管我们在搜集材料和数据整理上花了一番工夫，但是由于样本有限，数据不可避免地存在误差，加之学术水平有限，在得出读本的编写对策和方案时略显仓促，不足之处望读者提出建议。

## 附录一：全国中小学生中医药文化读本目录

[1] 孙文江. 小学岐黄中医药文化知识读本（试用）第一册[M]. 兰州：甘肃人民出版社,2016.

[2] 孙文江. 小学岐黄中医药文化知识读本（试用）第二册[M]. 兰州：甘肃人民出版社,2016.

[3] 孙文江. 小学岐黄中医药文化知识读本（试用）第三册[M]. 兰州：甘肃人民出版社,2016.

[4] 陆萍. 小小推拿师[M]. 上海：复旦大学出版社,2014.

[5] 何建成. 带你领略中医诊病奥秘[M]. 上海：复旦大学出版社,2014.

[6] 孙文钟. 中医药掌故趣谈[M]. 上海：复旦大学出版社,2014.

[7] 李其忠. 中小学生四季保健[M]. 上海：复旦大学出版社,2014.

[8] 周国琪. 身边的《黄帝内经》[M]. 上海：复旦大学出版社,2014.

[9] 徐平. 经络的世界[M]. 上海：复旦大学出版社,2014.

[10] 何清湖. 漫画中医养生保健素养 42 条[M]. 北京：中国人口出版社,2017.

[11] 李德杏. 四大名著知中医[M]. 北京：中医古籍出版社,2018.

[12] 阚湘苓,国华. 杏林初探寻中医[M]. 北京：中医古籍出版社,2018.

[13] 阚湘苓,李淳. 出口成章话中医[M]. 北京：中医古籍出版社,2018.

[14] 田露. 诗情画意品中医[M]. 北京：中医古籍出版社,2018.

[15] 王蕾. 医家医著学中医[M]. 北京：中医古籍出版社,2018.

[16] 王小莹. 衣食住行访中医[M]. 北京：中医古籍出版社,2018.

[17] 姬领会. 趣说脏腑[M]. 北京：中国医药科技出版社,2018.

[18] 姬领会. 趣说阴阳[M]. 北京：中国医药科技出版社,2018.

[19] 姬领会. 趣说经络[M]. 北京：中国医药科技出版社,2018.

[20] 姬领会. 趣说五行和气血津液[M]. 北京：中国医药科技出版社,2018.

[21] 刘红燕. 海洋探宝[M]. 北京：中国医药科技出版社,2018.

[22] 王春燕. 星空奇遇记[M]. 北京：中国医药科技出版社,2018.

[23] 朱姝. 惊险的梦[M]. 北京：中国医药科技出版社,2018.

[24] 朱姝. 神秘的仙草[M]. 北京:中国医药科技出版社,2018.
[25] 刘红燕. 奇怪的游戏[M]. 北京:中国医药科技出版社,2018.
[26] 李文华. 神奇的古玉[M]. 北京:中国医药科技出版社,2018.
[27] 张明,谢胜. 中医疗法治百病[M]. 北京:中国中医药出版社,2018.
[28] 张明,郑心. 中草药的美丽传说[M]. 北京:中国中医药出版社,2018.
[29] 张明,郭艳幸. 中医锻炼法超简单[M]. 北京:中国中医药出版社,2018.
[30] 张明,马波. 中医成语故事[M]. 北京:中国中医药出版社,2018.
[31] 张明,朱爱松. 家有小郎中[M]. 北京:中国中医药出版社,2018.
[32] 张明,张立祥. 中医经典古籍文选读[M]. 北京:中国中医药出版社,2018.
[33] 张明,朱嵘. 趣说食疗[M]. 北京:中国中医药出版社,2018.
[34] 张明,张晓天. 大中国名药地理[M]. 北京:中国中医药出版社,2018.
[35] 张明,陈运中. 奇妙有趣的中医世界[M]. 北京:中国中医药出版社,2018.
[36] 张明,彭玉清. 中医名家励志故事[M]. 北京:中国中医药出版社,2018.
[37] 夏阳. 青少年点读国粹知识:中医知识[M]. 乌鲁木齐:新疆美术摄影出版社,2015.
[38] 方剑桥. 中医药与健康(上下册)[M]. 杭州:浙江科学技术出版社,2017.
[39] 北京市中医管理局,北京市教育委员会. 青少年中医药文化知识普及读本(小学版)[M]. 北京:北京出版社,2009.
[40] 毛春燕. 中药汤头歌诀诵读本[M]. 北京:军事医学科学出版社,2012.
[41] 王麟鹏. 中医健脑操[M]. 北京:人民卫生出版社,2016.
[42] 阚湘苓,毛国强. 中医药文化精选读本(小学版)[M]. 北京:中国医药科技出版社 2019.
[43] 毛国强. 中医药文化精选读本(中学版)[M]. 北京:中国医药科技出版社 2019.

## 附录二:《天津市中小学生对中医药文化读本的认知情况调查》问卷

中医药文化是中国传统文化的瑰宝，编写符合中小学学生日常生活的中医药文化读本，是中小学学生了解中国优秀传统文化的窗口，也是弘扬中医文化、增强文化自信的举措。本问卷就当前中小学学生日常生活中的中医药文化进行调查，调查结果仅作“天津市卫计委中医药文化进校园项目”研究之用，我们对数据保密，请你如实放心填写，作答时请在选项上直接画“√”。谢谢大家！

1. 你的性别是__________

A. 男　　B. 女

2. 你现在上几年级？

A. 四年级　　B. 五年级　　C. 七年级　　D. 八年级

3. 你的课外读物中有专门涉及中医药知识方面的吗？

A. 有　　B. 没有

4. 若有中医药文化方面的课外书，你会选来阅读吗？

A. 会　　B. 不会　　C. 看情况

5. 如果学校开设中医文化课程或体验活动，你是否去参加？

A. 会参加　　B. 不会参加　　C. 不确定

6. 你阅读的课外书籍，常常是哪类？

A. 文字读物　　B. 文字与图画都有的读物　　C. 电子设备上的视听读物

7. 图文并茂的课外读物中，你喜欢图画与文字的比例是多少？

A. 1:4　　B. 2:4　　C. 3:4

8. 你阅读图文并茂的课外读物时，喜欢图片是哪种形式的？

A. 大的　　B. 小的　　C. 适中的　　D. 无所谓

9. 课外读物的图画风格，你喜欢哪种？

A. 国画　　B. 漫画　　C. 国画漫画混搭　　D. 其他______

10. 你喜欢半文言半白话的课外读物吗？

A. 喜欢　　B. 不喜欢　　C. 没读过，不知道　　D. 无所谓

11. 你觉得什么样的中医药课外书会吸引你？

A. 只有文字的　B. 有文字有漫画的　C. 只有漫画的　D 有声读物　E 无

12. 若请你来选择中医药文化课外读物，以下哪个因素是你首先要考虑的？

A. 知识正确　B. 有趣味　C. 有故事性　D. 图文并茂　E. 形式多样

F. 其他______

13. 你希望一种中医药文化读本里讲什么内容？

A. 讲故事　B. 讲中医理论　C. 讲中药　D. 以上全都讲　E. 其他______

14. 你希望从中医药文化读物中阅读到哪些方面的中医药知识？（可以多选）

A. 中医的名人　B. 中医的古书　C. 中医的故事　D. 中医的草药

E. 中医的器物（如针灸，刮痧）　F. 中医的历史　G. 其他______

15. 在中医药文化读本中，你希望接触哪些与中医药有关的话题？（可以多选）

A. 环境与中医药　B. 起居与中医药　C. 运动与中医药　D. 饮食与中医药

E. 心理与中医药　F. 其他______

16. 你阅读课外书时，会参与书里设置的互动话题吗？

A. 会　B. 不会　C. 偶尔会　D. 没有注意

17. 你已有的中医药方面的知识一般是通过哪些渠道了解的？（可以多选）

A. 读一些涉及中医药信息的书籍　B. 电视上的养生节目或医药广告

C. 生物课课堂上老师的讲解　D. 网络上的游戏或故事

E. 参加学校举办的中国传统文化方面的讲座

F. 姥姥、姥爷等长辈告诉我的　G. 其他______

# 第四章　天津《中医药文化精选读本》编写研究

《中医药发展战略规划纲要(2016—2030年)》的提出,推动了中医药进校园、进社区、进乡村、进家庭,将中医药基础知识纳入中小学传统文化、生理卫生课程。中医药文化传承是传和承的协同,需要传和承的主体、载体、情境、方式的整合,是一种辩证统一,是传者和承者的互动,是传承者和文本的沟通,是传承者在实践中的领悟,是一种智慧实验,这种传承实际上也是一种创新[1]。“在兴趣引导、科学传播的理念下编著中医药文化读本是面向小学生的中医药文化科普、宣传的重要途径之一。”[2]

作为“天津市中医药文化进校园”项目核心内容之一,《中医药文化精选读本》(以下简称“《读本》”)的面世,为天津市乃至全国中小学中医药文化传播工作提供了科学有效的教学内容支持。《读本》分为中学版和小学版两册,针对不同年龄段的学生,选取与其生活、语文教材等相结合的素材,编制不同的内容进行有效整合,力争使《读本》成为一套中小学生喜闻乐见的、中小学教师使用起来得心应手的中医文化传播书籍。

中国工程院院士、中国中医科学院名誉院长、天津中医药大学校长张伯礼及天津市卫健委相关领导,从项目开展伊始就对《读本》的编写尤为关注,并给予了大力支持。天津中医药大学文化与健康传播学院院长毛国强教授担任“天津市中医文化进校园”项目负责人及《读本》主编,带领编写组成员从选材、编写、配图等角度出发,精益求精,修改稿件10余次,最终完成全书的编写。

## 第一节　编写准备

### 一、整体规划

2017年,《中医药文化》系列教材在北京发布时,张伯礼院士就曾指出,中医药学是中华文化的瑰宝,它传承五千年经久不衰,虽然是一门古老的学问,但是其理念丝毫不落后,有很多观念预示了未来。中医学是自然科学和人文科学融合非常好的一门学科。这套教材给中小学生来看,它是把中医文化的精髓和当代素质教育结合起来。立德树人是教育的根本目的，把中医药文化和素质教育结合起来，是一种很好的教育实践和探索。中医药文化进课堂的目的不是让学生学习中医技术，不是培养中医生，不是让学生学会看病，而是培育和普及中医文化。其实在此之前，张伯礼院士就提出了编写普及型中小学中医文化读本的期望。天津《读本》的编写工作也已经在筹备之中，并且始终得到了中国工程院院士、天津中医药大学校长张伯礼、天津市卫健委相关领导的支持和关注。项目组聘请张伯礼院士及天津市卫健委主任、天津市中医药管理局局长王建国担任总主编。确定内容为面向中学生及小学生的中医药文化读本，总体编写原则为内容积极向上，以优秀中医药知识与文化为载体，以图文并茂的形式展现并与中小学语文、健康课程教学内容相结合，在了解中医药文化的同时，完成所学知识的再现，达到一举两得的效果。同时要求文字轻松活泼，适合青少年，易于接受，在孩子们的心中播撒中医药文化的种子。

## 二、组织人员

本丛书副总主编、《读本》主编，天津中医药大学毛国强教授广招人才，先后几次邀请各路专家进行深入研讨交流。组织来自市社科联、天津市教研室、天津中医药大学、天津师范大学等单位的 20 多名各学科专家参与《读本》的编写。除天津中医药大学中医学院、文化与健康传播学院、中药学院的骨干教师外，还吸收天津市中小学教研室一线教师参与。组成了一支既有一线教学经验，又有中医药素养及较高科研水平，同时又具备较强的文字功底和敬业精神的编委队伍。

## 三、调查研究

天津中医药大学中医药文化进校园项目组成员通过进入校园宣讲与调研，对学生的阅读习惯、偏好、接受能力、认知水平等问题有了较多了解。同时，主创人员通过进校园科普宣讲，对小学生的阅读习惯与要求有了一定的了解。如在读本编写初期，邀请四至六年级小学生试读样稿，征集反馈意见，反复修订读本的编写思路。“通过调研发现，四至六年级的小学生对于四大名著并不陌生，但阅读过原著的却为数不多，大部分学生对于原著的阅读还存在一定困难。”[2]

同时，对天津五年级、七年级、八年级的学生发放《天津市中小学生日常生活中的中医药文化调查问卷》进行问卷调查，并对回收的 113 份有效问卷进行数据统计分析，把握中小学生对中医药文化知识的了解与需求情况。

## 第二节　编写过程

### 一、教材定位

传统文化素养的普及和提高，中小学是主阵地、主战场。就中医药文化而言，其在学校课程中的定位非常重要，因为课外读物和校本课程定位的不同，意味着老师和同学们对其的态度是不一样的。[3]

小学版《读本》结合小学阶段的学习目标，在不增加学习负担的情况下，最终确定以《小学语文新课标必读丛书》作为小学生中医药文化读本编写素材的挖掘对象。目的是在培养小学阶段阅读能力的基础上，挖掘中医药文化素材进行科普创作，弘扬中医药文化知识。在形式上摆脱了“为了宣传而宣传”，而是在日常的阅读过程中融入中医药文化知识。挖掘《小学语文新课标必读丛书》中的中医药文化素材进行科普创作，正是中医药文化科普工作从娃娃抓起的体现与实践。《四大名著知中医》的读者定位为小学高年级学生，即四至六年级学生。天津中医药大学中医药文化进校园项目组成员通过进入校园宣讲与调研，对此阶段学生的阅读习惯、偏好、接受能力、认知水平等问题有了更多的了解。

中学版《读本》遵循中学生的认知规律，以通俗的科普小故事为载体，通过“识人体，解中医”“读课本，学中药”“观生活，明中医”“体民俗，感中医”“读名篇，叙中医”5 个章节传递中医药文化知识，化繁为简，深入浅出，培养中学生对于中医药文化的感知与热爱。使之不仅是中医药文化知识读本，同时也是课堂知识的扩展和延伸，增加了学生的兴趣和学习动力。《读本》编写应充分考虑中学生的阅读特点，以讲故事的形式，辅以漫画形象，阐述其中蕴含的中医药文化知识及浅显易懂的中医文化哲理，图文并茂，生动活泼。通过这样的形式，为学生们带来更佳的阅读体验，以期更多的中学生了解中医药、喜爱中医药、传承中医药、传播中医药。

### 二、内容编写

《读本》在编写的过程中，应遵循内容与形式并重的原则，适应学情，启发兴趣；注重阅读与思考的结合；编写形式活泼，图文并茂；内容上强调科学实用。[2]将中医药文化与现实生活相结合，让青少年更好地认可、接纳、热爱中医。现有的中医药教材、书籍(特别是使用古文撰写的中医典籍),更多是从专业性和医学治疗的角度出发,忽视了中小学生的认知水平和接受能力。而中小学《中医药文化精选读本》由来自天津中医药大学、天津师范大学等单位的20多名各学科专家共同探讨、精心编写而成的。推进中医药文化进校园的根本目的,并不是把学生都培养成未来的"小郎中",而是要为中医的发展提供广泛的受众基础,使得学生通过学习了解一定的中医基础知识。《读本》多介绍常识性、基础性知识,用适合中小学生认知特点的语言与形式,阐述如天人合一、悬壶济世、大医精诚等中医药文化理念,采用文字、图像、声音、动漫形象等生动有趣的形式,通过讲故事的形式引导中小学生学习中医药文化。鼓励各学科任课教师,从其教授的语文、历史、地理、化学、自然、生物等科目教学内容中,寻求与中医药文化知识的结合点,推动中医药文化和中小学教学资源相结合,达到学科间的相互渗透,有效地将中医药知识与现有课程内容紧密结合,达到"润物细无声"的效果。[3]

在板块设计上包括"故事里的中医药""生活里的中医药""成语里的中医药"等几部分,有些内容与语文教材有效衔接,对一些课本知识进行了延伸;"新时代里的中医药"则结合当下热点新闻事件,如"奥运会上的中国印"让孩子们对中医药文化有了更加直观的认识。

## 三、文字打磨

编写组历时两年对文字内容、配图形式、版式设计等进行了10多次修改、完善,精心组织、精细打磨、精益求精,力求科学严谨、通俗易懂。《读本》(小学版)删掉"读一读"板块中的原文链接(即四大名著原文片段)的内容,只保留了对原著片段进行导读的部分。另外,主创人员认真研究了此阶段学生的课本及教辅材料语言的特点,在文字编排上使用符合他们阅读习惯的语言。适当使用疑问、反问的修辞以及鼓励性的语言,以启发读者的动脑、动口、动手能力。《读本》(小学版)包含的中医药文化知识,主要依据四至六年级小学生的阅读和认知水平、兴趣与关注点、中医药文化知识的可操作性等几个方面来设计,以启发兴趣为主。例如,梁山好汉多好饮酒,他们喝醉了怎么办?由此介绍具有解酒功效的中医名方"二陈汤",并指导他们自己在家操作,尝试着做一碗简易版的醒酒二陈汤,给喝酒后的爸爸解酒。再如,用来预防感冒的红糖姜水茶,也是在家可以动手操作的。中医药文化知识中有很多贴近生活的内容,并且都具有较强的可操作性，在阅读之后可以学以致用，将兴趣阅读与动手操作有效结合。

《读本》（中学版）根据前期的调研情况，在编写过程中对其内容进行了多次调整，力求生动活泼，寓教于乐，大大缩减了字数，并采取了学前思考和学后讨论的模式。其中，“想一想”围绕每个中医药文化知识点，从学生认知的角度设计讨论话题；“学一学”以文化知识点为中心，以图文并茂的形式编写短文或故事；“谈一谈”围绕中医药文化知识可解决的实际生活问题，引导学生发散思维，体会传统中医药知识的魅力。

## 四、插图编选

中小学生是一个特殊的年龄群体，如没有感性的材料，只是片面枯燥地说教，他们将无法接受或接受困难。为了增加阅读趣味性和吸引力，《读本》宜采用图文并茂的形式。主编毛国强教授为编写组提供了很多不同出版社出版的同类读物，让大家参考借鉴。研讨会上大家根据现有《读本》的阅读体验，结合《读本》自身特点，交流并讨论插图的重要性及风格、中医药绘图的专业性、具体故事情境设定等问题；文化与健康传播学院的段懿洲老师按照《读本》内容创作了一些动画人物形象和故事配图，为大家提供参考。编写组多次开会研究讨论，甚至请来了北京、天津的优秀出版社编辑人员共同商讨，集思广益。在各位老师的共同努力和积极参与下，《读本》面貌越来越清晰，《读本》当中配图的专业性、准确性得到了保证，各种人物形象有趣、生动，色彩搭配鲜活、自然，通过大量的阅读反馈，均得到了中小学生、家长和老师们的认可。

## 五、专家评审

在《读本》编写的过程中，编写组还聘请了上海中医药大学科技人文研究院院长李海英副教授，湖南中医药大学何清湖教授，南京中医药大学、中医药文化研究中心张宗明教授，湖北中医药大学人文学院胡真教授，南开大学刘运峰教授，天津师范大学新闻传播学院刘卫东教授，天津博物馆张玲研究馆员等中医、中药、出版传媒、教育界的 15 位专家担任咨询专家和评审，对《读本》的内容进行严格把关。项目启动后，编写组先后 6 次邀请全国及天津市各方面专家召开研讨论证会、评审会，针对《读本》构架、内容设计等方面的问题广泛征询意见。同时，编写组还赴北京中医药大学、浙江中医药大学等高校中小学

《读本》编写组学习，吸纳国内中医药学者、国学专家的建议，为《读本》的顺利编写打下良好的基础。

2017 年 6 月 7 日，项目组召开了中小学《中医药文化精选读本》第一次评审研讨会。时任市社科联党组书记、现天津社科院院长靳方华教授，天津师范大学生命科学学院满良副教授，天津师范大学初等教育学院岳辉博士，市中小学教研室课程室主任赵松涛，天津中医药大学中医第二附属医院副主任医师石陨，和平区万全小学德育处李晓颖主任等校外专家参会，来自天津中医药大学教务处、文化与健康传播学院、中医学院等读物的编写组成员共约 40 人也参加了评审研讨。会议由项目负责人、文化与健康传播学院院长毛国强主持，他向与会人员介绍了《读本》编写的目的与意义。小学《读本》和中学《读本》编写团队分别介绍了《读本》编写调研、初期试点以及编写设计等；随后，与会专家针对小学版的试用读本及中学版的编写设计、内容规划等进行了广泛交流和讨论，并从不同角度提出宝贵意见与建议。

毛国强院长代表项目组表示，将广泛采纳专家们的意见与建议，进一步深入开展《读本》编写工作的调查研究与设计，并听取中小学师生的意见，努力编写出通俗易懂、生动有趣、适用便捷的中医药文化知识读本。

时任天津市社会科学界联合会党组书记靳方华对读本编写工作给予了充分肯定，他建议在青少年中推广中医药文化，既要包括中医药养生保健、治疗方法，更要注重中医药文化的传播；既要推广中医药治未病、养身心的方法与技艺，更要传播中医药天人合一、悬壶济世的文化理念，传承弘扬优秀传统文化，提高中小学生中医药健康素养，增进他们对中医药文化的理解与认同，增强他们对中华文明的文化自信。

2017 年 11 月，项目组召开了中小学《中医药文化精选读本》第二次评审研讨会。天津中医药大学冯学瑞教授，天津市中小学教育教学研究室课程室赵松涛、回蕴玫，中国健康传媒集团中国医药科技出版社白极、天津市少年宫活动部赵剑秋、天津市和平区万全第二小学王全莉等相关老师出席，《读本》编写组成员全体参加。会议由项目负责人、文化与健康传播学院院长毛国强教授主持。研讨会上首先由中学《读本》和小学《读本》编写团队分别介绍目前《读本》的编写进度、框架体例、存在问题等。随后，与会专家针对中学版初稿和小学版框架设计进行了广泛交流和讨论。在充分肯定现有工作的基础上，专家们特别指出要进一步贴合中小学生的阅读理解水平和兴趣点所在，将中医药文化深入浅出、通俗易懂地讲给他们。编写组根据专家们的意见与建议继续完善文稿。

2018 年 1 月 30 日下午，项目组召开了更高规格的专家评审会。中国工程院院士、校长张伯礼教授，时任天津市卫健委副主任申长虹，市卫健委中医处处长于慧雯等参加。与会专家就正在编写中的天津市中小学《中医药文化知识读本》建言献策。评审会由项目组负责人、文化与健康传播学院院长毛国强主持。教务处处长阚湘苓教授、文化与健康传播学院薄彤副教授代表编写组向专家汇报了小学版和中学版《读本》的编写大纲和思路。

张伯礼院士肯定了编写组的工作，并对今后的编写工作提出了明确要求。他强调，一定要保证高质量，把《读本》编成精品，力争成为全国的样本。他说，小学中医药文化读本编写的目的不是要在中小学生中培养中医生，而是要在孩子中传播中医文化、中医思维，所以一定要加强顶层设计，要深入浅出、图文并茂，增加趣味性和可读性，并且不能与生活和实践脱节，不能增加学生的负担。要体现时代性，要让学生在趣味阅读中领会中国古代文化思维。

中国医药科技出版社科普编辑中心主任白极、天津体育学院徐承刚研究员、时任天津社会科学院出版社总编辑张博、天津中医药大学中医学院王洪武教授、新蕾出版社副总编辑杨丽萍、天津市健康教育中心高皓宇、南开区崇化中学教师刘颖萍对读本的编写工作给予了较高的评价，并根据各自领域特色，提出了许多建议和意见，现场气氛活跃，讨论热烈。

## 六、校订出版

文字稿撰写完成，插图也绘制完成后，各位编委又对图文进行了最后的校对，主编毛国强负责整体审稿，对整体的谋篇布局、各个单元章节比例、语言文字进行了最后的梳理。至此，项目组老师历经两年多编写的《中医药文化精选读本》（小学版、中学版）宣告问世，交付出版社编辑出版，再加上由阚湘苓、李淳主编，中国中医古籍出版社 2018 年出版的《讲好中医故事系列读物》（包括《杏林初探寻中医》《衣食住行访中医》《诗情画意品中医》《四大名著知中医》《出口成章话中医》《医家医著学中医》），合计 8 种面向中小学的、具有浓厚天津地域特色的中医文化读本成功出版。

## 第三节　成书发放

《中医药文化精选读本》一经面世就受到了广大中小学师生的热烈欢迎。迄今为止赠出书籍2000余册，天津各区已有多所中小学受益。

2019年8月至2020年4月，项目组阚湘苓教授派出师生志愿者到和平区万全小学开展宣讲，共计发放《读本》360册；2019年10月25日，项目组耿晓娟老师在万全小学发放《读本》40册。同日，天津中医药大学文化与健康传播学院与静海区大丰堆小学共建社会实践基地揭牌仪式成功启动。副院长薄彤代表学院向大丰堆小学校长赠送了《读本》70册。10月31日，在文华园报告厅，静海区大丰堆小学与天津中医药大学文化与健康传播学院素质拓展基地揭牌仪式顺利举行，大丰堆小学校长徐天良、文化与健康传播学院院长毛国强、副院长薄彤、天津中医药大学驻大丰堆镇帮扶干部魏勇健出席仪式，在热烈的掌声中，大丰堆小学校长徐天良、文化与健康传播学院院长毛国强共同为"素质拓展基地"揭牌，随后毛国强院长为小学生赠送《读本》118册。2019年11月3日，来自天津市三所小学的学生、老师和家长，以及天津中医药大学部分师生，在天士力集团中医药文化园二楼举行了《读本》赠书仪式，向来自和平区万全小学、万全第二小学、河东区互助道小学等学校赠书74册。11月8日，在西青区霍元甲文武学校举办中医大讲堂，并赠送《读本》100册。11月20日，向红桥区求真小学赠送《读本》180册。12月2日，向红桥区民族中学发放《读本》400册。此外，还向日本神户东洋医疗学院孔子课堂赠送了本书，这是《读本》首次走出国门，向海外中医爱好者传播经典中医文化，为中医国际化贡献力量。

2019年11月，项目组在天士力集团主办中医药文化周末营活动，30多名中小学生参观了这里的中医药文化园，项目组为营员们发放了近百册《读本》。此外，项目组成员还向各界中医药爱好者赠送本书。

2020年12月，项目组向天津市第一中学、和平区万全第二小学等中小学发放了300余册书籍。

## 第四节　结语

《中华人民共和国中医药法》的颁布、国务院发表《中国的中医药》白皮书，标志着中医药发展上升为国家战略，中医药事业进入新的历史发展时期。中医药文化不仅是我国的优秀传统文化，更是全人类的精神财富。新形势下，我们应该讲好中医的“中国故事”，做好中医药文化国际传播这篇大文章。[4] 在新冠肺炎疫情中，中医药发挥的重要作用也让世界用新的眼光重新看待中医药的科学性和有效性。让更多的人相信中医药，把学习中医药变成自己的理想。

《中医药文化精选读本》汇集了中医药学、教育学、语言学、传播学各学科的智慧和经验，相信它能够成为一套对中医药文化传播有所助益的书籍，能够帮助更多中医药爱好者了解中医，走近中医。也希望它能够在实践中进一步完善，成为一套经典的少年儿童中医药知识普及书籍。

### 参考文献

[1] 申俊龙，马洪瑶，魏鲁霞. 中医药文化核心价值传承与创新的互动和演化逻辑［J］，医学与哲学，2013，10：90－94.

[2] 李德杏． 小学生中医药文化读本编写的几点体会［J］. 中国中医药现代远程教育，2019，03：20－22.

[3] 孔令彬. 互动与传承：中医药文化在中小学生中传播初探——以“天津市中医药文化进校园项目”为例［J］. 智慧健康，2019，7：48－50.

[4] 毛国强，张伯礼，王建国. 中医药文化精选读本［M］. 北京：中医药科技出版社，2019.

附录：

## 中国医药科技出版社《中医药文化精选读本（小学版）》编委会名单

总主编：张伯礼　王建国
主　编：阚湘苓　毛国强
副主编：王　蕾　王小莹　田　露　李德杏　李增艳
编　委：赵松涛　孔令彬　安岩峰　段懿洲

## 中国医药科技出版社《中医药文化精选读本（中学版）》编委会名单

总主编：张伯礼　王建国
主　编：毛国强
副主编：薄彤　陈红梅　耿晓娟　张　涛　张　丽　张海涛
编　委：赵松涛　孔令彬　安岩峰　段懿洲　屠金莉

# 第四篇

# 天津市中小学生中医药文化认知调查分析

# 第五章　天津市中小学生中医药文化认知调研报告

## 第一节　调查背景与方法

### 一、调查背景

在中华民族伟大复兴的今天，中医药文化具有的人文精神和哲学内涵，其强调的“天人合一”“阴阳平衡”“道法自然”“和合致中”等核心哲学智慧，正在成为树立文化自信、讲好中国故事、提升国家文化软实力的重要载体。随着中医药文化蕴含的思维模式、认知方式、价值取向越来越得到社会大众的理解、认同和接受，让中医药文化走入校园，在中小学生心中植下中医药文化的基因，唤醒他们的民族文化自觉与自信已成为社会共识。

为全面了解本市中小学生对中医药文化知识的认知，了解中医药文化知识在中小学生中的传播渠道、传播媒介以及中小学生对中医药文化知识的兴趣爱好，今晚报社传媒发展研究所联合天津中医药大学项目组展开广泛的问卷调查。希望通过对中小学生、市民的全面问卷调查，为中医药文化更好传播提出合理建议。

### 二、调查方法

**1. 问卷调查法**

为了了解中医药文化传播中存在的问题，项目组面向中小学生和成年市民开展了问卷调查，调查的内容基本一致。

项目组在本市两所小学（岳阳道小学、万全小学）、两所初中（天津市第六十一中学、天津市第九十中学）、两所高中（天津市第二十一中学、天津第二南开学校），向中小学生展开问卷调查，共收回有效问卷273份。

同时，通过腾讯大燕网、掌上天津App向市民征询对中医药文化知识进校园的意见和看法，共收到有效问卷439份。

2. **访谈法**

项目组成员天津中医药大学文化与健康传播学院院长毛国强教授、天津中医药大学王玉兴教授、教务处处长阚湘苓教授、天津中医药大学第二附属医院副主任医师石陨等专家学者对调研数据给予了解读。

3. **比较分析法**

通过对天津市六所中小学问卷调查几组数据的比较分析，项目组对中小学生的群体特征、需求有了更详尽的了解，在此基础上为指导中医药文化进校园工作提出合理化建议。

## 第二节　调研内容与问卷设计

### 一、调研内容

本次调研的主要内容包括对中医药治疗、养生方法的认知，对中医药基本知识的了解程度，对中医药文化技艺的兴趣，获取中医药文化知识的传播渠道，对中医药治疗的信任度等。

### 二、问卷设计

本次调研问卷共有两份，即中小学生问卷、市民问卷。中小学生问卷共有 24 道题目，基本资料题目 3 道，包括性别、年龄、年级；调查内容题目 21 道，涉及中医药治疗经历、中医药信任程度、中医典籍与药材认知、对中医药技艺和文化的兴趣、获取中医药知识的渠道、个人身体状况、希望获取中医药文化的渠道、对中医药文化传播的看法等。市民问卷共有 22 道题目，基本资料题目 2 道，包括性别、年龄；调查内容题目 20 道，涉及内容与中小学生问卷基本一致。

上述题目对本次调研内容进行了具体化、实操化处理，能够较全面、准确地测量调研内容。

# 第三节　样本构成与调查分析

## 一、调查样本构成

本次调查共获得有效样本712份，中小学生问卷273份、市民问卷439份。

中小学生样本中，男生占49.82%，女生占50.18%。从年龄分布来看，12岁以下超过两成（23.45%），13～15岁约占半数（46.15%），16～18岁超过两成（21.97%），未填答者占8.42%。从年级分布来看，小学生（四、五年级）超一成（12.09%），初中生约占六成（58.98%），高中生超过两成（24.92%），未填答者占4.03%。总体来看，本次调查样本以初中生、高中生为主体，男、女性别比例分布较均衡。

市民样本中，男性约占四成（41.23%），女性约占六成（58.77%），女性略多。从年龄分布来看，样本涵盖老中青各群体，其中19～30岁占24.17%，31～45岁占31.71%，46～60岁占15.69%，≥61岁占28.16%。

## 二、调查分析

### 1. 中小学生常用术语：上火

中医药文化源远流长，很多术语已经成为我们生活的一部分，为大家“日用而不知”。那么，中小学生会在生活中熟知哪些中医药术语呢？数据显示，上火（81.32%）、受寒（50.55%）、脾胃虚寒（30.77%）位居中小学生最熟知中医药词语的前三位，其次分别为：气血不足（29.30%）、肝火旺（28.94%）、血虚（22.71%）、经络不通（17.22%）等。中小学生数据与市民数据对比见表5－1。

表5－1　学生与市民调查情况对比：生活中常用词语

| 学生问卷 | 生活中常用词语 | 市民问卷 |
|---|---|---|
| 81.32% | 上火 | 67.49% |
| 50.55% | 受寒 | 44.65% |
| 30.77% | 脾胃虚寒 | 44.44% |
| 29.30% | 气血不足 | 48.97% |
| 28.94% | 肝火旺 | 44.65% |
| 22.71% | 血虚 | 18.93% |
| 17.22% | 经络不通 | 46.30% |

### 2. 近六成中小学生有看中医经历

中医药文化包含了丰富的养生保健、治病调理的手段和方法，每个人都或多或少地接触过中医药治疗和养生方法。本次调查中，近六成(56.78%)中小学生有过看中医的经历。同时，汤药、中成药、拔罐成为中小学生接触最多的中医治疗方法。

从中小学生、市民问卷数据对比来看，两组受访者在接触中医治疗方法的分布上基本一致，仅在“刮痧”“推拿按摩”两项上有细微差别。可见，中医药治疗方法已成为中小学生生活中的重要组成部分(见表5-2)。

表5-2 学生与市民调查情况对比:接触的中医治疗方法

| 学生问卷 | 接触的中医治疗方法 | 市民问卷 |
| --- | --- | --- |
| 67.40% | 汤药 | 69.55% |
| 43.59% | 中成药 | 62.14% |
| 37.73% | 拔罐 | 45.88% |
| 37.00% | 针灸 | 37.24% |
| 35.90% | 把脉 | 36.21% |
| 35.53% | 刮痧 | 33.95% |
| 33.33% | 推拿按摩 | 35.60% |
| 12.09% | 药膳 | 15.23% |
| 10.62% | 太极拳 | 11.73% |

### 3. 中小学生组“抑郁”项高于市民组

受访中小学生是因为什么病症看中医呢？调查结果显示，感冒(42.12%)、胃口不适(25.64%)、跌打扭伤(14.65%)和失眠(14.65%)是中小学生看中医的常见病症(见表5-3)。

表5-3 学生与市民调查情况对比:因什么病症看中医

| 学生问卷 | 因什么病症看中医 | 市民问卷 |
| --- | --- | --- |
| 42.12% | 感冒 | 27.98% |
| 25.64% | 胃口不适 | 26.34% |
| 14.65% | 跌打扭伤 | 10.29% |

(待续)

（续表）

| 学生问卷 | 因什么病症看中医 | 市民问卷 |
| --- | --- | --- |
| 14.65% | 失眠 | 11.11% |
| 12.09% | 内分泌紊乱 | 17.70% |
| 11.72% | 身体疼痛 | 15.23% |
| 10.62% | 皮肤病 | 8.02% |
| 8.79% | 抑郁 | 3.29% |
| 5.49% | 肥胖 | 6.17% |
| 2.20% | 心血管疾病 | 13.58% |
| 1.47% | 妇科病症 | 10.91% |

对比中小学生、市民看中医病症的两组数据，市民组在“心血管疾病”“妇科病症”两项明显高于中小学生组，这与两组的年龄差异有关。而中小学生组在“抑郁”一项明显高于市民组，这一现象值得我们关注。

4. **中小学生知晓最多的药材：人参、陈皮**

中医药名著、名家和草药名称是中医药文化知识的重要组成部分。这些中医药文化知识在中小学生中的普及程度如何呢？数据显示，在中医药名著中，超过八成（83.15%）受访者知道《本草纲目》，近半数（46.89%）知道《伤寒杂病论》，近半数（46.89%）知道《神农本草经》，超过四成（42.86%）知道《黄帝内经》，还有近一成（8.06%）知道《难经》。

在中医药名家方面，最为中小学生熟知的前三位分别为华佗（83.15%）、扁鹊（76.56%）、张仲景（70.33%），其后分别为李时珍（59.34%）、孙思邈（26.74%）、岐伯（8.79%）、朱震亨（5.86%）和皇甫谧（5.13%）。

在中草药名称方面，我们列举了20种常见的中草药名称。结果显示，中小学生知晓最多的三种中草药分别为人参（77.29%）、陈皮（73.26%）、金银花（72.53%），其后为板蓝根（71.06%）、薄荷（71.06%）、阿胶（67.77%）、甘草（66.30%）、茯苓（65.20%）、枇杷（65.20%）、何首乌（60.44%）、牛黄（57.51%）、黄连（57.14%）、当归（49.45%）、地黄（46.15%）、连翘（42.49%）、黄芩（42.12%）、藿香（34.80%）、天麻（30.40%）、柴胡（26.37%）、苍术（17.58%）等。

### 5. 最感兴趣的中医技术:草药识别和针灸

中医药文化中既有阴阳五行、奇经八脉等玄奥复杂的基础理论知识,也包含了针灸、刮痧、拔罐、药剂等技术方法。对此,中小学生们是否感兴趣呢?

数据显示,对于中医基础理论,受访中小学生最感兴趣的是人体穴位(50.92%),其后为阴阳学说(48.72%)、五行学说(46.52%)、奇经八脉(35.16%)、五脏六腑藏象学说(17.58%)等。而对中医技术方面,中小学生最感兴趣的是中草药识别、针灸和拔罐(见表5-4)。

表5-4 学生与市民调查情况对比:最感兴趣的中医技术

| 学生问卷 | 最感兴趣的中医技术 | 市民问卷 |
|---|---|---|
| 43.59% | 中草药识别 | 28.81% |
| 39.19% | 针灸 | 49.18% |
| 35.90% | 拔罐 | 43.62% |
| 33.33% | 中医历史典故 | 18.31% |
| 31.50% | 推拿 | 41.77% |
| 30.77% | 艾灸 | 39.51% |
| 27.84% | 正骨 | 20.58% |
| 24.91% | 煎药 | 15.43% |
| 18.32% | 养生保健运动 | 44.03% |
| 17.22% | 养生知识 | 48.35% |

对比中小学生、市民最感兴趣的中医技术两组数据,中小学生组在中草药识别方面兴趣最高,而市民组则在养生保健方面兴趣较高。在针灸、拔罐等传统实用治疗技术上,两组都具有较高兴趣。

### 6. 中小学生"亚健康"状况值得重视

中医药文化包含了一整套养生保健、提升体质的方法,这对处于成长和发育阶段的中小学生尤为重要。就此,我们对中小学生的健康状况做了调查。

数据显示,超过一成(12.82%)受访中小学生学习压力大,表示"一般,无精打采",还有不到一成(6.23%)表示"爱生病"。综合来看,有近两成(19.05%)中小学生的身体健康状况不容乐观。还有一组数据让我们对中小学生的健康状况有了更多担忧。在“你最近一年有没有出现过亚健康状况”一题中，超过四成（41.03%）中小学生有“头痛”的状况（见表5－5）。

表5－5　学生与市民调查情况对比：近一年亚健康症状

| 学生问卷 | 近一年亚健康症状 | 市民问卷 |
| --- | --- | --- |
| 41.03% | 头痛 | 25.93% |
| 38.10% | 情绪低落 | 28.60% |
| 37.00% | 无精打采 | 26.95% |
| 35.53% | 近视 | 20.37% |
| 28.57% | 肥胖 | 26.13% |
| 26.74% | 失眠 | 33.93% |
| 23.08% | 消化不良 | 32.10% |
| 17.22% | 痛经 | 7.00% |

对比中小学生、市民在最近一年出现的身体亚健康症状数据发现，中小学生组在头痛、情绪低落两项明显高于市民组。对此，值得我们高度重视。

**7.近六成中小学生想学中医药知识**

当遇到头痛、失眠等状况时，中小学生如何解决呢？根据调查，超过半数（54.21%）受访中小学生选择了“休息”，超过两成（24.54%）选择了“不和别人说，忍忍就好了”；选择看中医的超过两成（22.34%），选择看西医的不到两成（17.22%），还有不到两成（18.32%）选择了“随便吃点药”。通过数据看，当遇到身体不适状况时，选择看中医的中小学生不在少数。同时，更有近六成（57.51%）受访中小学生希望通过学习中医药知识改善自身体质。而在市民组调查中，希望通过学习中医药知识改善自身体质的达到近九成（88.26%）。

**8.生活实践是获取中医药文化知识的首要渠道**

中医药文化在我们的生活中无处不在，也有着各种传播渠道。就中小学生获取中医药文化知识的渠道一项，调查显示，家人朋友的谈论、看中医亲身体验是首要渠道（见表5－6）。

表5－6　学生与市民调查情况对比：获取中医药知识的渠道

| 学生问卷 | 获取中医药知识的渠道 | 市民问卷 |
|---|---|---|
| 49.45% | 家人朋友谈论 | 34.16% |
| 43.59% | 看中医亲身体验 | 49.38% |
| 42.86% | 广播电视 | 44.03% |
| 27.47% | 阅读中医药书籍 | 25.51% |
| 25.27% | 上网浏览 | 29.84% |
| 20.15% | 微博微信 | 20.78% |
| 20.15% | 报纸 | 28.60% |
| 18.68% | 学校课堂 | 9.26% |
| 14.29% | 小说漫画 | 2.88% |
| 10.62% | 网络游戏 | 2.47% |

可见，生活经验与亲身体验是中小学生获知中医药文化的最主要来源，广播电视和中医药书籍是最常用的媒介，而互联网、微博、微信等新媒体手段也是不可或缺的途径。通过数据对比可以看到，中小学生通过小说、漫画、网络游戏等途径获取中医药文化知识的比例明显高于市民，这也反映出中小学生获取中医药文化知识渠道的多元性、新颖性。

就中小学生希望通过什么样的方式学习中医药文化知识这一话题，数据显示，电视养生栏目（48.35%）和报纸养生专栏（44.32%）是中小学生的首选（见表5－7）。

表5－7　学生与市民调查情况对比：学习中医药知识的方式

| 学生问卷 | 学习中医药知识的方式 | 市民问卷 |
|---|---|---|
| 48.35% | 电视养生栏目 | 39.51% |
| 44.32% | 报纸养生专栏 | 22.43% |
| 32.23% | 听广播 | 18.93% |
| 28.57% | 中医药文化讲座 | 49.38% |
| 8.06% | 自己上网学 | 21.40% |

对比中小学生、市民问卷数据可以发现，在学习中医药知识的方式方面，中

小学生更喜欢通过电视、报纸等传统媒体学习，而市民更喜欢通过中医药文化讲座的方式获知。这组对比数据为我们有针对性地传播中医药文化知识提供了一定参考。

**9. 多数赞同中医药文化进课堂**

中医药文化是否应该走进课堂，成为必学内容呢？就此，项目组也开展了调查。在“你认为有必要让中医药文化的重点知识成为学校的必学内容吗”一题中，有超过半数（54.89%）中小学生认为“有必要”，超过一成（12.50%）认为“没必要”，还有超过三成（32.61%）表示“说不好”。而在对439名市民的调查中，超过八成（81.74%）认为有必要让中医药文化重点知识成为中小学生的必学内容，只有不到一成（8.22%）认为“没必要”，还有一成（10.05%）表示“说不好”。总体来看，大多数市民和中小学生都赞同中医药文化进课堂，而市民赞同的比例更高。

## 第四节　调研结论与对策建议

### 一、调研主要结论与对策

**1. 中医药文化在中小学生群体中具有深厚基础**

中医药文化是一套完整、科学的体系，蕴含了中国人的生活方式、价值观念、思维模式等。可以说，中医药文化知识与中国人“日用而不知”的生活世界紧密相关。

通过在生活中常用的中医药术语、是否接受过中医药治疗、对中医药基本知识的了解程度这几组数据，可以看出，在对中医药文化的认知、接触、信任等方面，中小学生组与市民组差异很小。可以说，中医药文化源远流长，已深深植根于一代又一代中国人的心中。这充分反映出中医药文化在中国人的生活世界具有深厚根基，能够很好地传承、传播，同时也为开展“中医药文化知识进校园”活动打下了良好的基础。

**2. 中医药文化进校园需要与改善中小学生体质紧密联系**

“少年智则国智，少年强则国强”，中小学生的身心健康关系到国家和民族的未来发展。通过本次调查数据来看,中小学生的身体亚健康状况不容乐观,在心理健康方面也需要重视。如何利用中医药文化知识切实改善中小学生体质,全面提升青少年健康素养,这是一件利在千秋的大事。市卫计委中医一处处长于慧雯、二处处长陈子震表示,对中小学生来说,学习中医药文化是继承、弘扬传统文化的重要途径,更重要的是,中医药文化包含了一整套养生保健、提升体质的方法,这对处于成长和发育阶段的中小学生尤为重要。

天津中医药大学王玉兴教授认为,中医药文化知识进校园、进课堂是提升青少年健康素养的重要途径,中医健康素养准则的重要一条就是"提升健康素养要从青少年做起"。对于青少年来讲,要强调"治未病",要将中医理念、知识、技能、健康生活方式传递给他们,让他们对中医药文化产生兴趣。天津中医药大学第二附属医院副主任医师、天津健康宣讲大使石陨部长建议,要从激发青少年兴趣入手,找准中医药文化传播的切入点,切实提升青少年健康素养,改善青少年体质。

天津中医药大学教务处处长阚湘苓教授表示,既要教授中小学生中医药文化的理论课程,也要教授他们刮痧、拔罐、针灸等实务课程,"我们还会针对中小学生的体质特点传授八段锦、太极拳、眼保健操、足底穴位按摩等保健方法。"

**3. 中医药文化传播要讲究体验度,善用传统媒体**

调查数据反映出,家庭生活、亲身体验是中小学生获取中医药文化的首要来源,而电视、报纸等传统媒体是中小学生青睐的学习中医药文化知识的形式。因而,中医药文化进校园活动要提升中小学生的参与度、体验感。

中国工程院院士、天津中医药大学校长张伯礼指出,中医药文化认知度调查分析是一项非常重要且有深远意义的工作,要做好方案。

根据调查结果,项目组组织了各方面专家、学者进行中医药文化知识中小学《读本》的编写,此项工作由天津中医药大学校长张伯礼院士亲自主抓。项目组还邀请了市社科联、市教研室、部分大中小学等各方面专家开展研讨,读本初稿已于2018年底完成。

**4. 推动中医药文化知识进课堂**

调查数据显示,市民、中小学生对中医药文化知识进课堂的赞同度较高。就中医药文化在中小学生的科普与推广,时任天津市社会科学界联合会党组书记靳方华给予了充分肯定,他建议中医药文化传播推广既要包括中医药养生保健知识、治疗方法，更要注重中医药文化的传播。既要推广中医药治未病、养身心的方法与技术，更要传播中医药天人合一、悬壶济世的文化理念，传承弘扬中华优秀传统文化，增强青少年对中华的自信。同时还建议在总结“中医药文化知识进校园”活动经验的基础上，应推动中医药文化知识进入课堂。

（天津中医药大学李鹏、安岩峰老师，硕士生乔玉蓉、兰羽、张筱筱，天津师范大学李静怡、李丹红、李博雅、金璧翀、慕正同学对本次调查也有贡献）

附录一：

# 中医药文化进校园问卷调查（市民卷）

# 《您对中医了解多少?》

尊敬的市民朋友：

您好，我们是天津中医药大学文化与健康传播学院“中医药文化进校园”课题组，这次调查的目的是想了解各位市民对中医药文化的兴趣、认识。本次调查不署名，请根据真实情况填写，我们会严格保密。

基本资料：

1. 性别：A. 男　　B. 女

2. 年龄：A. ≤18 岁　B. 19 ~ 25 岁　C. 26 ~ 30 岁　D. 31 ~ 35 岁　E. 36 ~ 40 岁
　　F. 41 ~ 45 岁　G. 46 ~ 50 岁　H. 51 ~ 60 岁　I. ≥61 岁

调查内容：

1. 您平时生活中会用到下面的哪些词语：（多选）
　A. 上火　B. 受寒　C. 血虚　D. 肝火旺　E. 脾胃虚寒　F. 气血不足
　G. 经络不通　H. 其他________

2. 您接触过哪些中医药治疗和养生方法？（多选）
　A. 汤药　B. 中成药　C. 针灸　D. 按摩推拿　E. 拔罐　F. 刮痧　G. 药膳
　H. 太极拳　I. 把脉　J. 其他________

3. 您有过看中医的经历吗？（选 B 跳至第 5 题）
　A. 有过　B. 没有过　C. 说不清

4. 您是因为什么病症看的中医？（多选）
　A. 感冒　B. 失眠　C. 肥胖　D. 抑郁　E. 胃口不适　F. 身体疼痛　G. 皮肤病
　H. 内分泌紊乱　I. 跌打扭伤　J. 妇科　K. 心血管　L. 三高　M. 其他________

5. 您不看中医的原因是?(多选)

A. 很少生病　B. 家人不主张看中医　C. 中医不对症　D. 中药太难喝

E. 其他________

6. 您知道下列哪本中医典籍?(多选)

A.《黄帝内经》　B.《本草纲目》　C.《难经》　D.《伤寒杂病论》

E.《神农本草经》　F. 其他________

7. 您知道下列哪些药材?(多选)

A. 阿胶　B. 苍术　C. 柴胡　D. 茯苓　E. 甘草　F. 枇杷　G. 何首乌　H. 金银花

I. 板蓝根　J. 人参　K. 牛黄　L. 天麻　M. 黄芩　N. 当归　O. 地黄　P. 黄连

Q. 连翘　R. 薄荷　S. 藿香　T. 陈皮

8. 您知道下列哪位中医药名家?

A. 扁鹊　B. 岐伯　C. 张仲景　D. 华佗　E. 皇甫谧　F. 孙思邈　G. 朱震亨

H. 李时珍　I. 其他________

9. 在中医看来,人体五脏对应着五行。您知道心脏对应的五行是?(单选)

A. 金　B. 木　C. 水　D. 火　E. 土

10. 您对下面的哪些中医基础理论感兴趣?(多选)

A. 阴阳学说　B. 五行学说　C. 奇经八脉　D. 人体穴位　E. 五脏六腑臓象学说

F. 其他________

11. 您对下面的哪些中医技艺、文化感兴趣?(多选)

A. 针灸　B. 推拿　C. 艾灸　D. 拔罐　E. 正骨　F. 中草药识别　G. 煎药

H. 中医历史典故　I. 养生知识　J. 养生保健运动　K. 都不感兴趣

L. 其他________

12. 您平时都通过哪些渠道了解中医药相关知识?(多选)

A. 看中医的亲身体验　B. 家人朋友谈论　C. 广播电视　D. 报纸　E. 上网浏览

F. 微博微信　G. 中医药知识讲座　H. 学校课堂　I. 阅读中医药书籍　J. 网络游戏

K. 小说漫画　L. 其他________

13. 您最近一年有没有出现过下面的亚健康情况:(多选)

A. 失眠　B. 肥胖　C. 近视　D. 情绪低落　E. 头痛　F. 无精打采　G. 消化不良

H. 痛经　I. 其他________

14. 遇到亚健康状况,您一般怎么办?(多选)

A. 看中医　B. 看西医　C. 随便吃点药　D. 不和别人说,忍忍就好了　E. 休息　F. 其他________

15. 您是否希望通过学习中医药文化改善自身体质?

A. 十分希望　B. 比较希望　C. 无所谓　D. 不希望

16. 您希望通过什么样的方式学习中医药文化知识?

A. 中医药文化讲座　B. 电视养生栏目　C. 报纸养生专栏　D. 听广播　E. 自己上网找　F. 报班,专业培训　G. 其他________

17. 您将会如何运用学到的中医药文化知识?

A. 调整生活作息,改善体质　B. 给家人传播养生保健知识

C. 按方抓药,小病自己看　D. 和朋友切磋,普及中医药文化

E. 只是兴趣爱好　F. 没有想法　H. 其他________

18. 您是否希望孩子报考中医药专业,成为一名中医医生?(选 A 回答第 19 题,选 BCD 不用)

A. 非常希望　B. 不希望　C. 说不好

19. 您想让孩子成为中医大夫的初衷是?

A. 家里有中医医生,传承祖业　B. 继承发扬国粹　C. 比西医医生轻松　D. 个人喜好　E 其他________

20. 您认为有必要让中医药文化的重点知识成为小学和初高中的必学内容吗?

A. 有必要　B. 没必要　C. 不知道,说不好

如果您希望与我们分享学习中医药文化的感悟,欢迎留下联系方式:________

## 附录二：

# 中医药文化进校园问卷调查（学生卷）
# 《你对中医了解多少？》

**尊敬的同学：**

你好，我们是天津中医药大学文化与健康传播学院“中医药文化进校园”项目组，这次调查的目的是想了解各位同学对中医药文化的兴趣、认识。本次调查不署名，请根据真实情况填写，我们会严格保密。

**基本资料：**

1. 性别：A. 男　　B. 女
2. 年龄：________
3. 年级：A. 六年级　B. 初一　C. 初二　D. 初三　E. 高一　F. 高二　G. 高三　H. 其他________

**调查内容：**

1. 你平时生活中会用到下面的哪些词语：（多选）
   A. 上火　B. 受寒　C. 血虚　D. 肝火旺　E. 脾胃虚寒　F. 气血不足　G. 经络不通　H. 其他________
2. 你接触过哪些中医药治疗和养生方法？（多选）
   A. 汤药　B. 中成药　C. 针灸　D. 按摩推拿　E. 拔罐　F. 刮痧　G. 药膳　H. 太极拳　I. 把脉　J. 其他________
3. 你有过看中医的经历吗？（选 B 跳至第 5 题）
   A. 有过　B. 没有过　C. 说不清
4. 你是因为什么病症看的中医？（多选）
   A. 感冒　B. 失眠　C. 肥胖　D. 抑郁　E. 胃口不适　F. 身体疼痛　G. 皮肤病　H. 内分泌紊乱　I. 跌打扭伤　J. 妇科　K. 心血管　L. 三高　M. 其他________

5. 你不看中医的原因是？（多选）

A. 很少生病　B. 家人不主张看中医　C. 中医不对症　D. 中药太难喝

E. 其他________

6. 你知道下列哪本中医典籍？（多选）

A.《黄帝内经》　B.《本草纲目》　C.《难经》　D.《伤寒杂病论》　E.《神农本草经》

F. 其他________

7. 你知道下列哪些药材？（多选）

A. 阿胶　B. 苍术　C. 柴胡　D. 茯苓　E. 甘草　F. 枇杷　G. 何首乌

H. 金银花　I. 板蓝根　J. 人参　K. 牛黄　L. 天麻　M. 黄芩　N. 当归　O. 地黄

P. 黄连　Q. 连翘　R. 薄荷　S. 藿香　T. 陈皮

8. 你知道下列哪位中医药名家？

A. 扁鹊　B. 岐伯　C. 张仲景　D. 华佗　E. 皇甫谧　F. 孙思邈　G. 朱震亨

H. 李时珍　I. 其他________

9. 在中医看来，人体五脏对应着五行。那么问题来了：心脏对应的五行是？（单选）

A. 金　B. 木　C. 水　D. 火　E. 土

10. 你对下面的哪些中医基础理论感兴趣？（多选）

A. 阴阳学说　B. 五行学说　C. 奇经八脉　D. 人体穴位　E. 五脏六腑臟象学说

F. 其他________

11. 你对下面的哪些中医技艺、文化感兴趣？（多选）

A. 针灸　B. 推拿　C. 艾灸　D. 拔罐　E. 正骨　F. 中草药识别　G. 煎药

H. 中医历史典故　I. 养生知识　J. 养生保健运动　K. 都不感兴趣　L 其他

12. 你平时都通过哪些渠道了解中医药相关知识？（多选）

A. 看中医的亲身体验　B. 家人朋友谈论　C. 广播电视　D. 报纸　E. 上网浏览

F. 微博微信　G. 中医药知识讲座　H. 学校课堂　I. 阅读中医药书籍

J. 网络游戏　K. 小说漫画　L. 其他________

13. 你现在的身体健康状况如何？（单选）

A. 很好，精力充沛　B. 还行，很少生病　C. 一般，无精打采　D. 不太好，爱生病

E. 不好，经常生病

14. 你最近一年有没有出现过下面的情况：（多选）

A. 失眠　B. 肥胖　C. 近视　D. 情绪低落　E. 头痛　F. 无精打采　G. 消化不良

H. 痛经　I. 其他________

15. 遇到无精打采的亚健康状况，你一般怎么办？（多选）

A. 看中医　B. 看西医　C. 随便吃点药　D. 不和别人说，忍忍就好了　E. 休息

F. 其他________

16. 你是否希望通过学习中医药文化改善自身体质？

A. 十分希望　B. 比较希望　C. 无所谓　D. 不希望

17. 你希望通过什么样的方式学习中医药文化知识？（多选）

A. 中医药文化讲座　B. 学校开设相关课程　C. 参观中医诊所，动手实践

D. 通过看书看报、听广播上网等自学　E. 报班，专业培训　F. 其他________

18. 你会如何运用学到的中医药文化知识？（多选）

A. 调整生活作息，改善体质　B. 给家人传播养生保健知识

C. 按方抓药，小病自己看　D. 和朋友切磋，普及中医药文化

E. 只是兴趣爱好　F. 没有想法　H. 其他

19. 你是否想报考中医药专业，成为一名中医医生？（选 A 回答第 20 题，选 B、C、D 不用）

A. 非常愿意　B. 想当医生，但不会学中医药专业　C. 不想报考　D. 说不清

E. 其他________

20. 你想成为中医医生的初衷是？

A. 家里有中医医生，传承祖业　B. 中医很神奇，继承发扬国粹

C. 比西医医生压力小　D. 个人喜好　E. 其他________

21. 你认为有必要让中医药文化的重点知识成为学校的必学内容吗？

A. 有必要　B. 没必要　C. 不知道，说不好

22. 如果你希望与我们分享学习中医药文化的感悟，欢迎留下联系方式：________

# 第六章　天津市中小学生日常生活中的中医药文化认知调研报告

在中华民族复兴、国家大力发展中医药的大背景下，学习和继承中医药文化已经成为学校教育的内容之一，我们认为编写面向中小学生的中医药文化知识读本是一种有效的办法。本研究从中小学生日常生活中涉及的中医药文化知识入手，调查天津市中小学生对日常生活中的中医药文化知识的认知情况，为中医药文化进校园读本的编撰提供参考及依据，以便更好地传播中医药文化，使学生树立文化自信。

## 第一节　资料与方法

本次调研采用统计与分析相结合的研究方法，抽样调查天津中小学生日常生活情况，梳理其中与中医药文化知识有关的要点，归纳目前与中小学生日常生活相关的中医药文化知识的需求，总结贴近学生生活实际的中医药文化元素。

### 一、问卷设计

课题组设计了《天津市中小学生日常生活中的中医药文化调查问卷》，确定了40个问题，涉及调查对象的个人基本信息、起居作息、眼睛的穴位保健、中医药治疗经历、饮食与健康、运动与健康、情志与健康、了解中医文化故事的情况、中小学课本里中医药文化知识的延伸等9个方面的情况。共包括3个维度的题目：①个人基本信息，包括性别、年级；②中小学生日常生活中中医药参与情况；③中小学生对中医药文化的认知情况。

### 二、数据收集与整理

采用纸质问卷调查，运用SPSS 22.0统计软件对数据进行管理分析。涉及的统计学方法包括数据描述及相关性分析，如卡方检验，以 $P<0.05$ 为差异，具有统计学意义。

## 三、调查对象

以天津市中小学(崇化中学、万全小学)学生为调查对象,采取整群抽样的方法抽取调查对象,共发放调查问卷120份,获得有效问卷113份。

随机抽取其中五、七、八年级的学生,采取整群抽样的方法获取样本,各年级人数分布情况见表6-1,共获有效问卷113份。其中,男生占53.1%,女生占46.9%(见表6-2)。

表6-1　各年级人数分布情况

| 年级 | 份数 | 百分比(%) | 有效率(%) |
| --- | --- | --- | --- |
| A. 五年级 | 36 | 31.9 | 31.9 |
| B. 七年级 | 40 | 35.4 | 35.4 |
| C. 八年级 | 37 | 32.7 | 32.7 |
| 总计 | 113 | 100.0 | 100.0 |

表6-2　性别比例情况

| 性别 | 份数 | 百分比(%) | 有效率(%) |
| --- | --- | --- | --- |
| A. 男 | 60 | 53.1 | 53.1 |
| B. 女 | 53 | 46.9 | 46.9 |
| 总计 | 113 | 100.0 | 100.0 |

# 第二节　分析研究

对调查结果从不同角度进行分析,得到以下情况。

## 一、中小学生日常生活中中医药参与情况

该维度涉及起居生活(6个问题)、疾病治疗(2个问题)、饮食生活(8个问题)、运动情况(6个问题)、情志生活(4个问题)5个方面,共计26个问题,见表6-3。

**表 6－3 中小学生日常生活中中医药参与情况**

| 类别 | 题目 | 选项 | 样本量 | 百分比 |
|---|---|---|---|---|
| 起居生活 | 3. 你晚上经常几点上床睡觉？ | A. 9 点及以前 | 25 | 22.1% |
| | | B. 10 点左右 | 65 | 57.5% |
| | | C. 11 点左右 | 18 | 16.0% |
| | | D. 12 点及以后 | 4 | 3.5% |
| | | 缺失值 | 1 | 0.9% |
| | 4. 当你拿起电子产品（如手机）时，一般持续看多长时间？ | A. ≤15 分钟 | 10 | 8.9% |
| | | B. 16～30 分钟 | 32 | 28.3% |
| | | C. 31～45 分钟 | 36 | 31.9% |
| | | D. ≥60 分钟 | 31 | 27.4% |
| | | 缺失值 | 4 | 3.5% |
| | 5. 你的视力情况怎样？ | A. 正常 | 55 | 48.7% |
| | | B. 异常 | 58 | 51.3% |
| | | 缺失值 | 0 | 0.0% |
| | 6. 你除了在学校课间做眼保健操，还有别的时间做眼保健操吗？ | A. 没有 | 58 | 51.3% |
| | | B. 有 | 53 | 46.9% |
| | | 缺失值 | 2 | 1.8% |
| | 7. 当你做眼保健操时，有没有想过这是古老中医的穴位按摩？ | A. 没有 | 30 | 26.5% |
| | | B. 偶尔想过 | 53 | 46.9% |
| | | C. 想过 | 27 | 23.9% |
| | | 缺失值 | 3 | 2.7% |
| | 8. 除了眼保健操的穴位名，你还知道几个中医的穴位？ | A. 0 个 | 48 | 42.5% |
| | | B. 1～2 个 | 33 | 29.2% |
| | | C. 3～4 个 | 17 | 15.0% |
| | | D. 5 个以上 | 14 | 12.4% |
| | | 缺失值 | 1 | 0.9% |
| 疾病治疗 | 9. 你是否有过针灸治疗经历？ | A. 有 | 9 | 7.9% |
| | | B. 没有 | 102 | 90.3% |
| | | 缺失值 | 2 | 1.8% |
| | 10. 你是否喝过汤药？ | A. 是 | 80 | 70.8% |
| | | B. 否 | 33 | 29.2% |
| | | 缺失值 | 0 | 0.0% |

（待续）

（续表）

| 类别 | 题目 | 选项 | 样本量 | 百分比 |
| --- | --- | --- | --- | --- |
| 饮食生活 | 11. 你平常一日三餐，常常在烹调好的食物里再添加调料（如盐）吗？ | A. 不添加 | 23 | 20.3% |
| | | B. 偶尔添 | 52 | 46.0% |
| | | C. 经常添 | 23 | 20.4% |
| | | D. 除了盐还添加别的调料 | 14 | 12.4% |
| | | 缺失值 | 1 | 0.9% |
| | 12. 你一周会吃到几次油炸食物？ | A. 0 次 | 11 | 9.7% |
| | | B. 1～3 次 | 86 | 76.2% |
| | | C. 4～6 次 | 12 | 10.6% |
| | | D. 7 次及以上 | 4 | 3.5% |
| | | 缺失值 | 0 | 0.0% |
| | 13. 你早餐一般在哪儿吃？ | A. 在家吃 | 72 | 63.7% |
| | | B. 在上学路上吃 | 13 | 11.5% |
| | | C. 在教室里吃 | 19 | 16.8% |
| | | D. 常常没吃 | 8 | 7.1% |
| | | 缺失值 | 1 | 0.9% |
| | 14. 你每天会吃到几种蔬菜？ | A. 0 种 | 1 | 0.9% |
| | | B. 1～2 种 | 22 | 19.5% |
| | | C. 3～4 种 | 60 | 53.0% |
| | | D. 5 种以上 | 29 | 25.7% |
| | | 缺失值 | 1 | 0.9% |
| | 15. 当你进餐时，会常思考某种食物对自己身体有什么好处吗？ | A. 不会 | 14 | 12.4% |
| | | B. 偶尔会 | 70 | 61.9% |
| | | C. 经常会 | 28 | 24.8% |
| | | 缺失值 | 1 | 0.9% |
| | 16. 你生病时会通过饮食调理吗？ | A. 不会 | 12 | 10.6% |
| | | B. 偶尔会 | 38 | 33.6% |
| | | C. 经常 | 18 | 16.0% |
| | | D. 调理同时，家人常说某种食材对我哪儿有用 | 44 | 38.9% |
| | | 缺失值 | 1 | 0.9% |
| | 17. 你是否喜欢听家人讲食物与健康的故事？ | A. 喜欢 | 57 | 50.4% |
| | | B. 无所谓 | 43 | 38.1% |

（待续）

（续表）

| 类别 | 题目 | 选项 | 样本量 | 百分比 |
|---|---|---|---|---|
| | | C. 不喜欢 | 13 | 11.5% |
| | | D. 那没什么科学道理吧 | 0 | 0.0% |
| | | 缺失值 | 0 | 0.0% |
| | 18. 家人会评价你的用餐是否健康吗？ | A. 会 | 23 | 20.4% |
| | | B. 不会 | 17 | 15.0% |
| | | C. 偶尔会 | 41 | 36.3% |
| | | D. 经常会 | 32 | 28.3% |
| | | E. 常评价，太烦了 | 0 | 0.0% |
| | | 缺失值 | 0 | 0.0% |
| 运动情况 | 19. 学校课间操和体育课，你是否认真锻炼身体？ | A. 是 | 91 | 80.5% |
| | | B. 偶尔不 | 17 | 15.0% |
| | | C. 总想请假 | 2 | 1.8% |
| | | D. 能不去就不去 | 1 | 0.9% |
| | | 缺失值 | 2 | 1.8% |
| | 20. 体育课除了常规跑、跳、投掷等项目外，你上过太极拳等中华武术吗？ | A. 上过 | 39 | 34.5% |
| | | B. 没有 | 68 | 60.2% |
| | | C. 不知中华武术为何物 | 2 | 1.8% |
| | | 缺失值 | 4 | 3.5% |
| | 21. 除了学校规定的体育课，你一周运动的时间累计有多长？ | A. 0 小时 | 9 | 7.9% |
| | | B. 1 ~ 2 小时 | 54 | 47.8% |
| | | C. 3 ~ 4 小时 | 26 | 23.0% |
| | | D. 5 小时以上 | 22 | 19.5% |
| | | 缺失值 | 2 | 1.8% |
| | 22. 你喜欢看体育运动的节目或比赛吗？ | A. 喜欢 | 33 | 29.2% |
| | | B. 偶尔看看 | 51 | 45.1% |
| | | C. 不喜欢 | 26 | 23.0% |
| | | 缺失值 | 3 | 2.7% |
| | 23. 以下传统体育运动项目你知道哪些？ | A. 武术 | 79 | 69.9% |
| | | B. 摔跤 | 69 | 61.1% |
| | | C. 龙舟 | 84 | 74.3% |

（待续）

(续表)

| 类别 | 题目 | 选项 | 样本量 | 百分比 |
|---|---|---|---|---|
| | | D 舞狮 | 73 | 64.6% |
| | | E 空竹 | 53 | 46.9% |
| | | F 蹴鞠 | 42 | 37.2% |
| | | G 对弈 | 35 | 31.0% |
| | 24. 若学校开设太极拳选修课,你会选来学习吗? | A. 会 | 35 | 31.0% |
| | | B. 不会 | 27 | 23.9% |
| | | C. 看情况 | 49 | 43.3% |
| | | 缺失值 | 2 | 1.8% |
| 情志生活 | 25. 你有烦躁或伤感的时候吗? | A. 有 | 24 | 21.2% |
| | | B. 偶尔有 | 54 | 47.8% |
| | | C. 常有 | 34 | 30.1% |
| | | 缺失值 | 1 | 0.9% |
| | 26. 你听说过中医的"情志"吗? | A. 有 | 25 | 22.1% |
| | | B. 没有 | 85 | 75.2% |
| | | 缺失值 | 3 | 2.7% |
| | 27. 当你感受到沉重的学习压力时,是否想过用中医情志调节方法来调理自己的情绪? | A. 没有 | 69 | 61.0% |
| | | B. 有过 | 14 | 12.4% |
| | | C. 想过但没尝试过 | 28 | 24.8% |
| | | 缺失值 | 2 | 1.8% |
| | 28. 你是否关注自己的身心健康? | A. 是 | 80 | 70.8% |
| | | B. 不是 | 9 | 7.9% |
| | | C. 无所谓 | 22 | 19.5% |
| | | 缺失值 | 2 | 1.8% |

从 5 个方面分析以上数据,情况如下。

1. **起居生活**

中医起居作息指在一天 24 小时(12 个时辰)中,人体的气血首尾相衔的循环流注,盛衰开合的时间节奏。如子时(23:00 ~ 1:00)是人体足少阳胆经气血运行最旺盛的时间,这时人体宜深度睡眠,以完成胆汁的新陈代谢。一日起居作息遵循子午流注的节律,做到所谓"起居有常",人就能够保持身体健康。

据调查中小学生在23:00以前睡觉的占95.5%,其中21:00及以前占22.1%,22:00左右占57.5%,23:00左右占15.9%,可见大多数中小学生的起居作息遵循了中医“起居有常”的时间规律。人如果在亥时(21:00~23:00)进入深度睡眠,百脉可得休养生息,对身体十分有益。可见当前中小学生的作息基本符合中医药文化的起居养生规律。

手机作为日常生活中的联络、信息获取和娱乐工具受到中小学生的青睐。31.9%的学生每天会看31~45分钟,28.3%会看16~30分钟,27.4%会看≥60分钟。了解中小学生视力情况发现,51.3%的学生视力异常,48.7%的学生视力正常,视力异常学生数超过视力正常学生数。眼睛是心灵的窗户,但随着电子产品的普及和课业的增加,中小学生用眼强度逐渐加大,眼睛健康问题迫在眉睫。

而在日常生活中,51.3%的学生除了学校规定的时间,没有别的时间做眼保健操;46.9%的学生在别的时间做过眼保健操;46.9%的学生在做眼保健操时偶尔想过这是古老中医的穴位按摩,26.5%的学生没想过,有23.9%的学生常常想起。经眼睛穴位保健相关性分析见表6-4。

表6-4 眼睛穴位保健相关性分析

| 皮尔森(Pearson)相关 | | | | | |
|---|---|---|---|---|---|
| | 4 | 5 | 6 | 7 | 8 |
| 4 | 1 | -0.093 | 0.343** | 0.261** | 0.505** |
| 5 | -0.093 | 1 | 0.135 | 0.163 | 0.087 |
| 6 | 0.343** | 0.135 | 1 | 0.399** | 0.693** |
| 7 | 0.261** | 0.163 | 0.399** | 1 | 0.575** |
| 8 | 0.505** | 0.087 | 0.693** | 0.575** | 1 |

**,相关性在0.01层上显著(双尾)。

其中强相关的问题有“6”和“8”;中等程度相关的有“4”和“8”,“7”和“8”;弱相关的有“4”和“6”,“4”和“7”,“6”和“7”。由此可见,“6.其他时间做眼保健操”“4.看电子产品的时间”“7.从眼保健操了解中医穴位”和“8.对中医眼睛穴位的了解”相关性是显著的。可见,了解中医所讲的眼睛的穴位知识,并常常正确进行穴位按摩,能缓解过多使用电子产品对眼睛的危害。

做眼保健操时,想过这是古老中医的穴位按摩的占23.9%;除了眼保健操的穴位名不知道其他中医穴位的占42.5%,29.2%的学生知道1~2个,15%的学生知道3~4个,12.4%的学生知道5个以上。可见,尽管中小学生在做眼保健操,但大部分并不明确眼保健操的中医原理和作用,而这对于学生自觉长期坚持眼睛的保健又非常重要。因此,以中小学生日常眼保健操为契机,进行中医药文化的穴位、经络,甚至防病保健知识的普及是必要的。

2. **疾病治疗**

70.8%的学生喝过汤药,90.3%的学生没有针灸治疗经历,可见中医针灸治疗在中小学生中的应用明显低于中医汤药。针灸和汤药同属中医治疗手段,两者在中小学生中的接触程度却差异较大。除了治疗手段有适应病种的差异外,针灸在中小学生中普及度不高也是原因之一,加强青少年适宜病种的针灸疗法体验,让毒副作用小的针灸治疗方式被青少年接受,这也是中医药文化进校园的重要内容。

3. **饮食生活**

“病从口中入,寒从脚上起”,在饮食与健康方面,科学饮食是保障身体健康的重要因素之一。关于饮食,中医形成了自己的一套认识。中医认为环境不同,季节气候不同,饮食选择也不同;年龄不同,饮食也不同;不同体质,饮食有别。中医饮食讲究膳食平衡,定时定量,规律饮食。

中小学生在饮食方面,46.0%的学生会在烹调好的食物里偶尔添加调料(如盐),20.4%不添加,20.4%经常添加,12.4%除了盐之外还添加其他的调料;在日常生活中一周吃油炸食品1~3次的学生占76.1%。在家吃早餐的中小学生占63.7%,每天吃3~4种蔬菜占53.1%。可见,在饮食方面大多数中小学生符合科学饮食的规律,但有部分学生摄入油炸食物明显过多,饮食还需少盐少油。50.4%的中小学生喜欢听家人讲食物与健康的故事。可见,家长比较关注孩子们的用餐健康问题,家长通过餐桌向学生们传达了健康饮食理念。

4. **运动情况**

运动与健康方面,导引体操、太极拳、气功武术等是中医的特色运动项目。学校课间操和体育课,认真出操、上课的占80.5%;体育课外,一周运动的时间累计有1~2小时的占47.8%;偶尔看体育运动的节目或比赛占45.1%,可见中小学生对体育运动的关注程度还是不够。而且有60.2%的中小学生体育课除了常规跑、跳、投掷外,没有接触过太极拳等中华武术;学校若开设太极拳选修课,43.4%的学生是看情况而定是否学习。可见,中小学生对中医的特色运动接受程度不高。中小学校的体育课可推陈出新，加入一些如太极拳、中华武术之类的项目，在活络学生经脉、强身健体中传承中医药文化。

经卡方检验、相关性分析，中小学生中男女生对中华特色运动（D. 舞狮，E. 空竹）的了解有显著不同（$P<0.05$），见表6-5和表6-6。

表6-5 中国传统体育运动项目与性别的关系

| | | | 23. 以下中国传统体育运动项目你知道哪些[a] | | | | | | | |
|---|---|---|---|---|---|---|---|---|---|---|
| | | | A. 武术 | B. 摔跤 | C. 龙舟 | D. 舞狮 | E. 空竹 | F. 蹴鞠 | G. 对弈 | 合计 |
| 性别 | A. 男 | 样本量 | 44 | 38 | 42 | 39 | 28 | 20 | 20 | 60 |
| | | 性别内比例 | 73.3% | 63.3% | 70.0% | 65.0% | 46.7% | 33.3% | 33.3% | |
| | B. 女 | 样本量 | 35 | 31 | 42 | 34 | 25 | 22 | 15 | 53 |
| | | 性别内比例 | 66.0% | 58.5% | 79.2% | 64.2% | 47.2% | 41.5% | 28.3% | |
| 总计 | 样本量 | | 79 | 69 | 84 | 73 | 53 | 42 | 35 | 113 |
| 皮尔森（Pearson）卡方 | | | 0.712 | 0.278 | 1.261 | 0.009 | 0.003 | 0.806 | 0.333 | |
| 皮尔森（Pearson）相关 | | | -0.079 | -0.050 | 0.106 | -0.009 | 0.005 | 0.084 | -0.054 | |

表6-6 中国传统体育运动项目相关性分析

| | A. 武术 | B. 摔跤 | C. 龙舟 | D. 舞狮 | E. 空竹 | F. 蹴鞠 | G. 对弈 |
|---|---|---|---|---|---|---|---|
| A. 武术 | 1 | 0.386** | 0.366** | 0.523** | 0.307** | 0.305** | 0.314** |
| B. 摔跤 | 0.386** | 1 | 0.362** | 0.547** | 0.350** | 0.426** | 0.339** |
| C. 龙舟 | 0.366** | 0.362** | 1 | 0.497** | 0.349** | 0.284** | 0.262** |
| D. 舞狮 | 0.523** | 0.547** | 0.497** | 1 | 0.362** | 0.378** | 0.336** |
| E. 空竹 | 0.307** | 0.350** | 0.349** | 0.362** | 1 | 0.305** | 0.368** |
| F. 蹴鞠 | 0.305** | 0.426** | 0.284** | 0.378** | 0.305** | 1 | 0.396** |
| G. 对弈 | 0.314** | 0.339** | 0.262** | 0.336** | 0.368** | 0.396** | 1 |

**，相关性在0.01层上显著（双尾）

其中男生对舞狮的了解占65.0%，女生对舞狮的了解占64.2%，男生对空竹的了解占46.7%，女生对空竹的了解占47.2%，可见男女学生在对舞狮和空竹了解中呈现明显的性别差异。男生更了解、喜欢舞狮，而女生更了解、喜欢空竹。且各个运动项目之间的相关性是显著的，见表6-5。我们一般认为相关系数|r|为

0.8～1.0 是极强相关；为 0.6～0.8 是强相关；为 0.4～0.6 是中等程度相关；为 0.2～0.4 是弱相关；为 0.0～0.2 则是极弱相关或无相关。其中中等程度相关有“武术”和“舞狮”、“摔跤”和“舞狮”、“摔跤”和“蹴鞠”、“龙舟”和“舞狮”4 个。可见，面向中小学生推广包括中医运动在内的中华特色运动项目时，可以考虑性别差异，进行分类教学。

5. **情志生活**

情志与健康方面，中医讲人有喜、怒、忧、思、悲、恐、惊“七情”，中小学生关注自己身心健康的占 70.8%，中小学生偶尔有烦躁或伤感情绪的占 47.8%，可见中小学生存在情志方面的问题，且关注度较高。但是中小学生没有听说过中医的“情志”的占 75.2%；感受到沉重的学习压力时，没有想过用中医情志调节方法来调理自己的情绪的占 61.1%。可见，中小学生因为不了解中医情志，而不会采用中医情志调节方法处理自身的情绪，对中医情志认知度不高。

情志养生方法是一种通过控制和调节情绪以达到身心安宁、情绪稳定的养生方法，情志养生方法适用于学业压力沉重的学生。现代人视听杂乱，是导致心浮气躁、心神不宁的重要原因，眼不见心不烦、耳根清净是有效的治疗方法。如凝神敛思，保持精神专注、宁静，减少过多的思虑和操心，使得心神处于安定状态。中小学生可以采取情志养生的方法，解决日常生活与学习中出现的紧张、焦虑等情绪问题。

综上，通过对中小学生日常生活中中医药参与情况的调查分析，结果表明：在起居和饮食方面，中小学生大都遵循了中医药文化的健康理念；但在运动和情志方面，对中医的了解程度不高。起居生活方面，中小学生存在睡眠不足和用眼过度的情况；疾病治疗方面，中小学生缺少针灸治疗经历，对其不甚了解；饮食生活方面，中小学生由于处在生长发育的特殊时期，因此有必要向他们宣传和介绍合理膳食和食疗的方法，同时他们也希望了解更多关于食物与健康的故事；运动方面，中小学生在校园内学习中华传统体育项目的机会较少，并且运动时间不足；情志生活方面，中小学生在学习和生活中会出现一些负面情绪，有必要教导学生用中医情志调节方法来调理自己的情绪，更好地关注自己的身心健康。

## 二、中小学生对中医药文化的认知度分析

中小学生对中医药文化的认知度，该维度涉及 11 个题目（见表 6－7），其调查数据情况如下。

表 6－7　中小学生对中医药文化的认知度

| 题目 | 选项 | 样本量 | 百分比 |
|---|---|---|---|
| 29. 你是否知道神农尝百草的故事? | A. 知道 | 67 | 59.3% |
| | B. 听说过,但自己没读过 | 36 | 31.9% |
| | C. 不知道 | 10 | 8.8% |
| | 缺失值 | 0 | 0.0% |
| 30. 你知道橘井泉香的典故含义吗? | A. 不知道 | 60 | 53.1% |
| | B. 隐约知道一点点 | 40 | 35.4% |
| | C. 知道 | 7 | 6.2% |
| | D. 知道并喜欢这个故事 | 5 | 4.4% |
| | 缺失值 | 1 | 0.9% |
| 31. 你身边有长辈给你讲过中医药文化有关的故事吗? | A. 有 | 43 | 38.0% |
| | B. 偶尔讲一点儿 | 53 | 46.9% |
| | C. 没有 | 16 | 14.2% |
| | 缺失值 | 1 | 0.9% |
| 32.《从百草园到三味书屋》里有很多动、植物名,如蝉蜕,后加上"《本草纲目》记载,此物可治小儿惊哭,夜啼等"。你希望读到后加信息吗? | A. 不希望 | 6 | 5.3% |
| | B. 无所谓 | 38 | 33.6% |
| | C. 希望 | 67 | 59.3% |
| | 缺失值 | 2 | 1.8% |
| 33. 当读到《奇妙的克隆》中现代克隆技术对人的癌变、免疫、寿命等方面的作用时,你想去了解传统中医对这些领域是如何认识的吗? | A. 不想 | 9 | 8.0% |
| | B. 无所谓 | 31 | 27.4% |
| | C. 想 | 68 | 60.2% |
| | D. 传统中医对这些领域的认识会不会很玄乎 | 5 | 4.4% |
| | 缺失值 | 0 | 0.0% |
| 34. 你想知道中医是如何认识人与自然的关系吗? | A. 不想 | 5 | 4.4% |
| | B. 无所谓 | 28 | 24.8% |
| | C. 想 | 80 | 70.8% |
| | 缺失值 | 0 | 0.0% |
| 35. 你觉得中医可以治疗身体的哪些问题? | A. 感冒 | 64 | 57.1% |
| | B. 睡眠问题 | 74 | 66.1% |
| | C. 肥胖问题 | 46 | 41.1% |
| | D. 饮食消化问题 | 74 | 66.1% |
| | E. 近视 | 31 | 27.7% |
| | F. 贫血 | 41 | 36.6% |
| | G. 心理问题 | 34 | 30.4% |
| | H. 其他 | 5 | 4.5% |

（待续）

（续表）

| 题目 | 选项 | 样本量 | 百分比 |
| --- | --- | --- | --- |
| 36. 你愿意运用中医疗法来进行心理疏导吗? | A. 十分愿意 | 25 | 22.1% |
| | B. 愿意,但不懂相关知识 | 48 | 42.5% |
| | C. 一般 | 31 | 27.4% |
| | D. 不愿意 | 9 | 8.0% |
| | 缺失值 | 0 | 0.0% |
| 37. 你愿意运用中医健康理论来指导自己的日常生活吗? | A. 十分愿意 | 29 | 25.6% |
| | B. 愿意,但不懂相关知识 | 40 | 35.4% |
| | C. 一般 | 35 | 31.0% |
| | D. 不愿意 | 8 | 7.1% |
| | 缺失值 | 1 | 0.9% |
| 38. 以下中医保健方式,你最喜欢哪种? | A. 食物疗法 | 50 | 44.2% |
| | B. 服中药 | 16 | 14.2% |
| | C. 针灸推拿 | 5 | 4.4% |
| | D. 刮痧、拔火罐 | 5 | 4.4% |
| | E. 打太极拳 | 14 | 12.4% |
| | F. 其他 | 2 | 1.8% |
| | G. 都不感兴趣 | 6 | 5.3% |
| | 缺失值 | 15 | 13.3% |
| 39. 你愿意成为一位中医大夫吗? | A. 愿意 | 25 | 22.1% |
| | B. 不愿意 | 17 | 15.0% |
| | C. 没想过 | 69 | 61.1% |
| | 缺失值 | 2 | 1.8% |

下面从 4 个方面分析中小学生对中医药文化的认知情况。

**1. 中医文化故事**

传统文化故事是一种良好的文化传播载体,中医药文化借助这种载体可进行有效传播。对中医文化故事的了解,如知道神农尝百草故事的人数占 59.3%,不知道橘井泉香典故含义的占 53.1%。可见,耳熟能详的中医文化故事更容易被中小学生接受,而专业性稍强的中医药典故却较少被知晓。

### 2. 中医思想理念

就中医与前沿科技有关联的领域而言,60.2%的中小学生想去了解传统中医对现代科学(如克隆)领域的认识;70.8%的中小学生想知道中医对人与自然关系的认识。可见,学生对中医理念或中医思想感到好奇,且多表现在与某些前沿科技有关联的领域。中小学生对中医知识有渴求、有好奇心,但不是纯粹将中医作为一个静止的、历史性的知识来学习,他们也希望中医作为一门科学,能回答人体的某些奥秘,这也提示读物编写者不能只讲历史上的中医知识,还需阐明它与探索人体甚或自然的独特内涵之间的关系,以满足学生的好奇心。

### 3. 中医疾病治疗

中小学生对中医治疗疾病的认知。66.1%的学生自认为有睡眠问题、有饮食消化问题,且可以通过中医治疗。经卡方检验,不同性别的中小学生对中医治疗身体的认知显著不同(见表6-8和表6-9,$P<0.05$)。男生对于中医治疗感冒的认同度为71.2%,女生对于中医治疗睡眠问题的认同度为71.7%。说明不同性别的中小学生对中医治疗疾病的关注点不同。42.5%的中小学生愿意运用中医疗法来进行心理疏导,35.4%的中小学生愿意运用中医健康理论来指导自己的日常生活,但是都不太了解中医相关知识。可见,在中医治疗疾病方面中小学生的认可度较高,但大都不懂中医知识,在日常生活中更不用说运用中医知识了,同时,在某些内容上还有性别差异。

表6-8 不同性别中小学生对中医治疗身体的认知差异

| 题目 | | 1. 你的性别 | | | |
|---|---|---|---|---|---|
| | | A. 男 | | B. 女 | |
| | | 计数 | 百分比 | 计数 | 百分比 |
| 35. 你觉得中医可以治疗身体的哪些问题? | A | 42 | 71.2% | 22 | 41.5% |
| | B | 36 | 61.0% | 38 | 71.7% |
| | C | 24 | 40.7% | 22 | 41.5% |
| | D | 39 | 66.1% | 35 | 66.0% |
| | E | 15 | 25.4% | 16 | 30.2% |

(待续)

（续表）

| 题目 | | 1. 你的性别 | | | |
|---|---|---|---|---|---|
| | | A. 男 | | B. 女 | |
| | | 计数 | 百分比 | 计数 | 百分比 |
| | F | 25 | 42.4% | 16 | 30.2% |
| | G | 20 | 33.9% | 14 | 26.4% |
| | H | 4 | 6.8% | 1 | 1.9% |

表 6-9 皮尔森（Pearson）卡方检定

| | | 1. 你的性别 |
|---|---|---|
| 35. | 卡方 | 15.879 |
| | df | 8 |
| | 显著性 | 0.044* |

结果基于每个最内层子表格中的非空列及直栏。

*，卡方统计资料在 0.05 层次上是显著的。

### 4. 中医保健方式

在中医保健方式中，食物疗法最受喜爱（44.2%），其次是服中药（14.2%），然后是打太极拳（12.4%）；被问到是否愿意成为一名中医大夫时，61.1% 的学生表示没想过，22.1% 的学生表示愿意，15% 的学生表示不愿意。

综上，通过对中小学生进行中医药文化的认知情况调查，可见中小学生愿意了解与中医药相关的典故或知识，并希望运用中医健康理论指导自己的日常生活，运用中医药相关知识改善自己的身体健康状况，但是缺少学习中医药常识的渠道。因此，在中小学生中普及中医药常识这一问题已迫在眉睫。

## 第三节 讨论与结论

通过对中小学生进行《天津市中小学生日常生活中的中医药文化调查》的问卷分析，我们看到，在日常生活中中小学生对中医药文化的认知和参与情况，即他们对中医药文化很感兴趣、接触度不高、需求量大，愿意运用中医药文化知识指导日常生活；在对中医药文化的认知情况上，中小学生愿意了解与中医药相关的典故知识，并希望运用中医健康理论指导自己的日常生活；另外，在运动和情志方面，对中医的了解程度不高；在起居生活方面，中小学生存在睡眠不足和用眼过度的问题；在疾病治疗方面，中小学生缺少针灸治疗经历，对其不甚了解；在中医理论方面，中小学生了解程度不高，缺少相关的科普教育。

所以，从中小学生日常生活中的中医药文化参与认知情况看，他们迫切需要融合了中医药文化知识的中医科普读物，帮助他们了解中医药基本知识和中医药的健康养生文化，从而养成充足睡眠、合理膳食、适量运动、心理平衡的健康生活方式。

附录：

# 《天津市中小学生日常生活中的中医药文化调查》问卷

中医药文化是中国传统文化的瑰宝，编写符合中小学学生日常生活的中医药文化读本，为中小学生了解中国优秀传统文化提供窗口，也是弘扬中医文化、增强文化自信的举措。本问卷就当前中小学生日常生活中的中医药文化认知情况进行调查，调查结果仅用作“天津市卫计委中医药文化进校园项目”研究之用，我们对数据保密，请你如实放心填写，作答时请在选项上直接画“√”。谢谢大家！

1. 你的性别：________

A. 男　　B. 女

2. 你现在上几年级？

A. 四年级　　B. 五年级　　C. 七年级　　D. 八年级

3. 你晚上经常几点上床睡觉？

A. 9 点及以前　　B. 10 点左右　　C. 11 点左右　　D. 12 点及以后

4. 当你拿起电子产品（如手机）时，一般持续看多长时间？

A. ≤15 分钟　　B. 16～30 分钟　　C. 31～45 分钟　　D. ≥60 分钟

5. 你的视力情况怎样？

A. 正常　　B. 异常（是________度）

6. 你除了在学校课间做眼保健操，还有别的时间做眼保健操吗？

A. 没有　　B. 有（若有，每周________次）

7. 当你做眼保健操时，有没有想过这是古老中医的穴位按摩？

A. 没有　　B. 偶尔想过　　C. 想过

8. 除了眼保健操的穴位名，你还知道几个中医的穴位？

A. 0 个　　B. 1～2 个　　C. 3～4 个

D. 5 个以上（请写出一个穴位的名字：________）

9. 你是否有过针灸治疗经历？

A. 有　　B. 没有

10. 你是否喝过汤药（用草药等熬制出的药水）？

A. 是　　B. 否

11. 你平常一日三餐，常常在烹调好的食物里再添加调料（如盐）吗？

A. 不添加　B. 偶尔添　C. 经常添　D. 除了盐还添加的调料（如：________）

12. 你一周会吃到几次油炸食物？

A. 0 次　　B. 1 ~ 3 次　　C. 4 ~ 6 次　　D. ≥7 次

13. 你早餐一般在哪儿吃？

A. 在家吃　　B. 在上学路上吃　　C. 在教室里吃　　D. 常常没吃

14. 你每天会吃到几种蔬菜？

A. 0 种　　B. 1 ~ 2 种　　C. 3 ~ 4 种　　D. ≥5 种

15. 当你进餐时，会常常思考某种食物对自己身体有什么好处吗？

A. 不会　　B. 偶尔会　　C. 经常会

16. 当你生病时，会通过饮食来调理吗？

A. 不会　B. 偶尔会　C. 经常　D. 调理同时，家人常说某种食材对我哪儿有用

17. 你是否喜欢听家人讲食物与健康的故事？

A. 喜欢　　B. 无所谓　　C. 不喜欢　　D. 那没什么科学道理吧

18. 家人会评价你的用餐是否健康吗？

A. 会　　B. 不会　　C. 偶尔会　　D. 经常会　　E. 常评价，太烦

19. 学校课间操和体育课，你是否认真锻炼身体？

A. 是　　B. 偶尔不　　C. 总想请假　　D. 能不去就不去

20. 体育课除了常规跑、跳、投掷等外，你上过太极拳等中华武术课吗？

A. 上过　　B. 没有　　C. 不知中华武术为何物

21. 除了上学校规定的体育课，你一周运动的时间累计有多长？

A. 0 小时　　B. 1 ~ 2 小时　　C. 3 ~ 4 小时　　D. ≥5 小时

22. 你喜欢看体育运动的节目或比赛吗？

A. 喜欢　　B. 偶尔看看　　C. 不喜欢

23. 以下中国传统体育运动项目你知道哪些？

A. 武术　B. 摔跤　C. 龙舟　D. 舞狮　E. 空竹　F. 蹴鞠　G. 对弈

24. 若学校开设太极拳选修课，你会选来学习吗？

A. 会　　B. 不会　　C. 看情况

25. 你有烦躁或伤感的时候吗？

A. 有　　B. 偶尔有　　C. 常有

26. 你听说过中医的“情志”吗？

A. 有　　B. 没有

27. 当你感受到沉重的学习压力时，是否想过用中医情志调节方法来调理自己的情绪？

A. 没有　　B. 有过　　C. 想过但没尝试过

28. 你是否关注自己的身心健康？

A. 关注　　B. 不关注　　C. 无所谓

29. 你是否知道神农尝百草的故事？

A. 知道　　B. 听说过，但自己没读过　　C. 不知道

30. 你知道橘井泉香的典故含义吗？

A. 不知道　　B. 隐约知道一点点　　C. 知道　　D. 知道并喜欢这个故事

31. 你身边有长辈给你讲过中医药文化有关的故事吗？

A. 有　　B. 偶尔讲一点儿　　C. 没有

32.《从百草园到三味书屋》里有很多植物、动物名称，如有语文课本注释其中的“蝉蜕(tuì)”为“蝉的幼虫变为成虫时蜕下的壳”。若在此注释之后加上“李时珍《本草纲目》记载，此物可治疗小儿惊哭、夜啼等”，你希望读到类似的后加的信息吗？

A. 不希望　　B. 无所谓　　C. 希望

33. 当读到《奇妙的克隆》说现代克隆技术对人的癌变、免疫、寿命等方面的作用时，你想去了解传统中医对这些领域是如何认识的吗？

A. 不想去　B. 无所谓　C. 想去　D. 传统中医对这些领域的认识会不会很玄乎

34. 你想知道中医是如何认识人与自然的关系吗？

A. 不想　　B. 无所谓　　C. 想

35. 你觉得中医可以治疗身体的哪些问题？（可多选）

A. 感冒　　B. 睡眠问题　　C. 肥胖问题　　D. 饮食消化问题　　E. 近视

F. 贫血　　G. 心理问题　　H. 其他________

36. 你愿意运用中医疗法来进行心理疏导吗？

A. 十分愿意　　B. 愿意，但不懂相关知识　　C. 一般　　D. 不愿意

37. 你愿意运用中医健康理论来指导自己的日常生活吗？

A. 十分愿意　　B. 愿意，但不懂相关知识　　C. 一般　　D. 不愿意

38. 以下中医保健方式，你最喜欢什么？

A. 食物疗法　　B. 服中药　　C. 针灸推拿　　D. 刮痧拔火罐　　E. 打太极拳

F. 其他________　　G. 都不感兴趣

39. 你愿意成为一位中医大夫吗？

A. 愿意　　B. 不愿意　　C. 没想过

40. 你还想学习中医哪些知识？想怎样学习？提出你的一些小建议吧！

______________________________________________

______________________________________________

谢谢你的合作和支持！祝你学习进步！身体健康！

# 第五篇

## “中医药文化进校园”文献综述

# 第七章 “中医药文化进校园”研究文献综述

党的十八大以来,党中央国务院制定了一系列战略举措,推动中医药事业快速发展并取得显著成就。在教育部、国家中医药管理局的政策支持下,中医药文化走进校园,来到学生身边。研究中医药文化进校园,对促进中医药文化进校园活动的顺利开展,具有积极的指导意义。

## 第一节 发展历程

本文对2011—2019年在知网发表的30余篇文章进行了梳理,发现2016年是学术界对中医药文化进校园研究的重要时间点。2016年之前,学术界对中医药文化进校园的研究关注不多。以“中医药”“进校园”为关键字搜索中国知网,结果表明,最早的一篇文章(洪蕾,2011)于2011年发表在《中国中医药报》上,而且仅此一篇。文中介绍了“中医文化进校园——走进大学城”的专项活动,提出通过开设中医选修课和举办讲座的方式让中医药文化走进校园。2012—2016年,共检索到论文4篇。研究内容包括中小学生中医药文化教育培训(韩晋涛,2012)、青少年中医药科普教育的分析(李赣等,2013)、实践模式(李赣等,2014)和中学生中医药文化认知需求调研(徐颖洲,2016)等。本阶段研究重点是中医药文化传播对象和中医药文化进校园的背景分析,主要研究对象为青少年学生。研究发现,青少年学生对中医药文化很感兴趣,需求量大,但认识度不足,缺乏可靠的了解渠道。本阶段研究论证了中医药文化进校园的必要性,并对进校园的模式做了初步探讨。

2016年2月,国务院发布了《中医药发展战略规划纲要(2016—2030年)》,第一次从战略层面系统部署,并提出要推动中医药进校园,将中医药基础知识纳入中小学传统文化课程。在国家政策的大力支持下,各地中医药文化进校园活动陆续开展,进校园的范围也从中医院校、中小学扩大到幼儿园和国际学校。进校园的内容也从中医药文化知识扩大到中医药文化校园游(徐熙蔓,2018)、中医药文化进校园与社会主义核心价值观的结合(金虹等,2018)等。中医药文化进校园这一主题也引起了国内学者的更多关注。本阶段研究重点关注中医药文化进校园的现状、存在的问题和对策（傅文第，2018；王磊，2018；张安然，2019）等。在介绍各地成功经验的基础上，学者们对中医药文化进校园的模式、具体操作提出了自己的思考（翟小宁，2017；宁小清，2018）。此外，本阶段研究方向也更加细化，学者们对中医药文化进校园模式的多样化、灵活性和立体化展开了更深入的研究。

## 第二节　研究内容

在研究内容上，梳理文献后发现，国内学者的研究主要集中在模式研究、调查研究、实践研究和经验介绍四个方面。

### 一、模式研究

对于中医药文化进校园的模式研究，大部分学者从中医药文化进校园的现状出发，分析存在的问题，对进校园的模式进行了深入研究。也有学者关注进校园活动的实施主体，申琳琳（2017）利用医务志愿者资源，探索了中医药启蒙教育的模式。各地中医医院在中医药文化进校园活动中也发挥了积极的作用。通过对中医医院日常宣传工作的总结与分析，闫士翔（2018）提出从传统的灌输式教育模式向双向的互动式教育模式转变。

研究中医药文化进校园的模式有助于寻找行之有效的具体实施途径，是研究中医药文化传播的重要组成部分。当前，寻找切实可行、效果显著、可复制的中医药文化进校园模式仍是学者们关注的重点。

### 二、调查研究

随着中医药文化进校园活动在各地迅速展开，学者们开始关注与中医药文化进校园相关因素的调查研究。调查内容包括中小学生中医药文化需求和认知度、中医药文化了解现状、进课堂现状、中医药主题夏令营认知情况和市场需求等。

学生对中医药文化的了解程度以及对生命观的需求和认知度直接影响中医药文化进校园的效果。杨玥（2018）用问卷调查的形式，采用随机抽样的方法对中学生对中医药文化的了解程度进行现场调查。徐颖洲(2016)对北京市10所中学的学生进行了网上问卷调查,发现北京市中学生对生命的认识较为模糊,对中医药文化兴趣高但认知度不足,缺乏可靠的了解渠道。刘传绪(2018)则对中医药主题夏令营认知情况及市场需求做了更细致的调查分析。国内中医药文化进校园发展迅速,也有学者看到中医药文化国际传播的机遇,开展了对国际学生及外教的中医药文化认知调查(李兰兰,2018)。

综上所述,学术界对中医药文化进校园的调查角度主要局限于活动实施对象和实施途径。主要关注实施对象的知识储备和认知情况,而对中医药文化的接受程度和应用效果关注相对较少。只有许思佳(2019)采取整群抽样的方法调查了浙江省中医药文化进小学课堂现状,发现中医药文化进小学课堂教育成果明显,但课程内容和形式仍需改革。对中医药文化进校园成效的调查将是今后学者们研究的重点。

## 三、实践研究

多数学者从中医药文化进校园的实践方式出发,从编写读(绘)本、开设课程、开展讲座、动手实践等多个角度,讨论了进校园的具体操作方式。读(绘)本编写是中医药文化传播的常见手段,对于中医药文化读本的编写原则,李德杏(2019)提出,应严格遵循小学生的学习和认知水平,坚持科学普及,实用有趣;而韩子晨(2019)则认为,利用古典诗词配插图传播中药文化,既可以提高小学生的文学修养,又可以增强小学生的健康意识。由于学生获得知识的最主要渠道是课堂,何清湖(2018)认为,只有充分发挥课堂主渠道的作用,系统地推动中医药文化进教材、进课堂,才能真正将中医药文化进校园落到实处。

除了中医药文化进校园的具体实践,学者们也关注进校园活动的长期性和持续性,要做到将中医药文化真正渗透、植入中小学传统文化教育和健康教育中,单纯依靠一些形式上的、短时期的中医药文化主题活动是行不通的。毛国强(2018)提出,中医药文化进校园应突出整体性设计,围绕传承与有效传播,形成立体化、全方位的完整中医药文化大众传播模式。

## 四、经验介绍

2016年2月以后,中医药文化进校园在全国各地如火如荼地开展。参与单位主要包括中医药院校、中医医院、各地中小学。许多学者同时也是活动的参与者，开始介绍各地成功的经验。开展中医药文化进校园是高等中医院校肩负的社会责任。天津中医药大学、辽宁中医药大学、江西中医药大学等高校成为中医药文化传播的重要基地，为中医药文化传播提供人才输出的同时，开展了多种多样行之有效的活动。天津中医药大学（毛国强，2018）策划了 10 多个子项目和活动，以读本编写为核心，辅以知识培训、校园宣讲、专家讲座、中医药文化主题小记者体验夏令营等多种形式，形成了独具特色的“天津模式”。辽宁中医药大学的“芯火”中医药文化志愿服务团（顾宇，2019）围绕中医药特色和中医药文化进校园的需求，形成了一套符合自身特点的宣传体系和架构。中小学是中医药文化进校园的重要战场，翟小宁（2017）介绍了人大附中从课程入手，开设中医药常规课程和实践活动课程，从理论和实践两方面加强学生对中医药知识及技能的掌握和运用。此外，深圳宝安区坪洲小学从课程开发、学生体验、亲子互动、资源整合等方面对中医文化进校园所进行的探索也值得借鉴。

学者们在介绍成功经验的同时，也对中医药文化进校园活动开展过程中存在的问题做了整理和反思。王磊（2018）通过对杭州市及周边地区《中医药与健康》课程的开展及教学情况进行调研，总结存在的问题，并提出建议。这些经验和建议对今后中医药文化进校园的进一步开展大有裨益。

## 第三节　结论

综上所述，2011—2019 年，学者们探讨了中医药文化进校园的模式，调查了实施对象对中医药文化的基本认知情况，分析了实践过程中存在的问题，提出了相关对策，积累了成功的经验。这些研究对当前中医药文化进校园活动的开展提供了有效的理论指引和实践借鉴。但我们也发现，这些研究主要集中在中医药文化进校园的具体实践。实践方式基本上囿于读（绘）编写、中医药文化体验、中医药健康知识传授、中医药特色实践活动等。对中医药文化进校园的实践方式缺乏创新，流于形式，缺乏整体统筹协调等问题的研讨还较少。未来研究还需深入关注中医药文化课程设置、进校园活动与现有教学体系融入的路径，以及在全国范围内大面积推广的模式等问题。

## 主要参考文献

[1]洪蕾.中医药进校园的实践与思考[N].中国中医药报,2011-06-20(003).

[2]韩晋涛,孔琪娜.中医药文化知识进学校成效浅析[J].中国医药指南,2012,10(01):211-212.

[3]李赣,平立,俞杞泉,等.在青少年中开展中医药科普工作的分析和实践[J].中医药管理杂志,2013,21(10):1023-1027.

[4]李赣,平立,黄景山,等.青少年中医药科普教育模式实践探索[J].上海中医药大学学报,2014,28(01):83-86.

[5]徐颖洲.基于中药文化资源开展中小学中医药生命健康教育模式的设计研究[D].北京中医药大学,2016.

[6]徐熙蔓,石家鑫,孟勐.天津市中医药健康文化旅游开发现状及对策研究[J].教育教学论坛,2018(14):92-93.

[7]金虹,高剑坤,范俊德,等.构建中医药科普教育特色校园文化的实践与思考[J].西南科技大学学报(哲学社会科学版),2018,35(02):71-75.

[8]傅文第.中医药文化传播的现实困境与对策选择[J].中国医药导报,2018,15(31):119-123.

[9]王磊,黄在委,王东军,等.小学生《中医药与健康》教学存在的若干问题与对策[J].中医药管理杂志,2018,26(22):13-15.

[10]张安然,徐彩云,薛铁瑛,等.中医药文化进校园的现状及对策分析[J].江西中医药大学学报,2019,31(05):87-89,92.

[11]翟小宁.人大附中中医药文化课程实施策略[J].创新人才教育,2017(01):42-44.

[12]宁小清,钟霞军,谈远锋,等.开展中医药文化进小学校园活动的体会——以广西中医药大学医药会展中心活动为例[J].中国中医药现代远程教育,2018,16(10):24-26.

[13]申琳琳,解建惠,秦梅.医务志愿者开展小学生中医药启蒙教育的探索[J].中医药管理杂志,2017,25(12):41-44.

[14]闫士翔,毛雁荣,闫剑坤.中医药文化进校园模式探索[J].影像研究与医学应用,2018,2(15):204-206.

[15]杨玥.中学生对中医文化了解的现状分析与思考[J].临床医药实践,2018(04).

[16]徐颖洲,闫兴丽,周晓菲,等.北京市中学生生命健康观及对中医药文化认知需求的调研分析[J].中华中医药杂志,2016,31(03):853-858.

[17]刘传绪.中医药主题夏令营认知情况及市场需求调查分析[D].北京中医药大学,2018.

[18]李兰兰,谭秀敏,屠金莉,等.关于中医药文化国际传播的调查与思考——以中医药文化对

在津国际学生及外教的认知调研为基础[J]. 湖南中医杂志,2018,34(10):129 - 131.

[19]许思佳,苏景阳,陈晓玲,等. 浙江省中医药文化进小学课堂现状调查与对策研究[J]. 浙江医学,2019,41(04):377 - 379.

[20]李德杏. 小学生中医药文化读本编写的几点体会[J]. 中国中医药现代远程教育,2019,17(06):20 - 22.

[21]韩子晨,范芳漫,赵悦,等. 以"诗词插图绘本"形式推广中草药文化知识的可行性分析——以天津市小学生为例[J]. 科教导刊(中旬刊),2019(03):187 - 188.

[22]何清湖. 中医药文化进校园重在进课堂[N]. 中国中医药报,2018 - 08 - 09(003).

[23]毛国强,屠金莉. 中医药文化传承与大众传播实践初探——以天津市"中医药文化进校园"活动为例[J]. 新闻战线,2018(03):92 - 93.

[24]顾宇,孙成聪. 高等中医药院校实践育人与文化自信培育路径——以辽宁中医药大学"芯火"中医药文化志愿服务团为例[J]. 边疆经济与文化,2019(07):94 - 96.

[25]曹咏慧. 一株中药树 一份中华情——深圳宝安区坪洲小学中医文化进校园活动侧记[J]. 中小学德育,2017(06):59 - 60.

[26]梁永宣. 集体智慧的结晶——谈《青少年中医药文化知识普及读本》的诞生[C]. 中华中医药学会中医药文化分会第十二届全国中医药文化学术研讨会论文集. 中华中医药学会中医药文化分会,2009:104 - 106.

[27]孙碧莹,马炳亚,陈其凤,等. 北京市中学生关于中医药文化认知度的调查研究[J]. 中国中医药图书情报杂志,2017,41(05):1 - 4.

[28]徐中平,王玉鹏,郭栋,等. 中医药文化进小学的现状调查及对策研究[J]. 智慧健康,2018,4(27):39 - 40 + 51.

[29]曾钦,孙晓生. 基于"三因制宜"的中医文化进校园探索[J]. 临床医药文献电子杂志,2017,4(A0):19798 - 19799.

[30]张安然,徐彩云,张卫平. 中医药文化进校园双向模式构建与实践——以江西中医药大学为例[J]. 江西中医药大学学报,2019,31(01):101 - 103.

[31]易凌炜. 中医药文化如何进校园[J]. 中国卫生,2019(06):102.

# 第八章　中医药文化进校园论文荟萃

## 中医药文化进校园重在进课堂

何清湖　陈洪

近年来,中医药文化进校园成为弘扬和传承中华优秀传统文化,普及中医药文化知识,提升青少年的文化自信与健康素养的重要措施和热点现象。本文试图从中医药文化进校园的现实性和必要性出发,探讨如何发挥课堂教学在中医药文化进校园中的主导作用,重点围绕中医药文化进课堂如何服务四个环节和把握十大关系,对中医药文化知识教材的编写和教学提出富有针对性的建议和对策。

### 一、中医药文化进校园的现实性和必要性

中医药文化进校园,是传承发展中华优秀传统文化的重要路径。2014 年,教育部印发了《完善中华优秀传统文化教育指导纲要》,对分学段有序推进中华优秀传统文化教育做出具体指导。2017 年 1 月,中共中央办公厅、国务院办公厅印发了《关于实施中华优秀传统文化传承发展工程的意见》,提出“把中华优秀传统文化全方位融入思想道德教育、文化知识教育、艺术体育教育、社会实践教育各环节,贯穿于启蒙教育、基础教育、职业教育、高等教育、继续教育各领域。”2018 年 3 月,教育部部长陈宝生再次强调,要把优秀传统文化进校园作为固本工程和筑魂工程来抓。大力加强对青少年的传统文化教育,已经成为全社会的共识。中医药文化是中华优秀传统文化的重要组成部分,也是中华优秀传统文化的杰出代表。习近平总书记指出:“中医药学是中国古代科学的瑰宝,也是打开中华文明宝库的钥匙。”推动中医药文化进校园,对于增进广大青少年对

作者简介:何清湖,湖南医药学院,院长、教授。

陈洪,湖南中医药大学,讲师。

中华优秀传统文化的了解与认同，提升其民族认同感及归属感，起着至关重要的积极作用。

中医药文化进校园，是实施“健康中国”战略的重要组成部分。2016 年 8 月，习近平总书记在全国卫生与健康大会上的讲话指出，要重视少年儿童健康，全面加强幼儿园、中小学的卫生与健康工作，加强健康知识宣传力度，提高学生主动防病意识。2016 年 10 月，中共中央、国务院印发《“健康中国 2030”规划纲要》，强调要加大学校健康教育力度，并指出“将健康教育纳入国民教育体系，把健康教育作为所有教育阶段素质教育的重要内容。以中小学为重点，建立学校健康教育推进机制。”中医药学凝聚着深邃的哲学智慧和中华民族几千年的健康养生理念及其实践经验，不仅为中华民族繁衍昌盛做出了卓越贡献，也对世界文明进步产生了积极影响。推动中医药文化进校园，对于提升青少年健康素养，帮助其养成健康的行为方式和生活习惯，提高个人综合素质和能力具有重要意义。

中医药文化进校园，是传承发展中医药事业的重要保障。2016 年2 月，国务院印发《中医药发展战略规划纲要(2016—2030 年)》，提出“推动中医药进校园、进社区、进乡村、进家庭，将中医药基础知识纳入中小学传统文化、生理卫生课程”。2017 年 1 月，国家中医药管理局印发了《中医中药中国行——中医药健康文化推进行动实施方案(2016—2020 年)》，明确提出“实施中医药文化进校园行动。联合教育部门推动中医药文化进入校园，帮助中小学生养成良好的健康意识和生活习惯，激发对中华传统文化的自豪感与自信心”。《“健康中国 2030”规划纲要》指出，要充分发挥中医药在治未病中的主导作用、在重大疾病治疗中的协同作用、在疾病康复中的核心作用。而中医药这一独特优势的发挥，有赖于全社会形成“信中医、爱中医、用中医”的浓厚氛围。推动中医药文化进校园，传递中医药文化核心内涵，积极引导广大青少年认识中医药，对于传承发展中医药事业，努力实现中医药健康养生文化的创造性转化、创新性发展，更好地全方位、全周期维护和保障人民健康具有长远影响。

## 二、发挥课堂教学在中医药文化进校园中的主渠道作用

国家政策导向为课堂教学主渠道作用的发挥创造了有利条件。《完善中华优秀传统文化教育指导纲要》(2014 年)指出，既要充分发挥课堂教学的主渠道作用，又要注重发挥课外活动和社会实践的重要作用。《关于实施中华优秀传统文化传承发展工程的意见》(2017 年)指出，以幼儿、小学、中学教材为重点，构建

中华文化课程和教材体系。《“健康中国 2030”规划纲要》指出(2016 年),构建相关学科教学与教育活动相结合、课堂教育与课外实践相结合、经常性宣传教育与集中式宣传教育相结合的健康教育模式。《中医药发展战略规划纲要(2016—2030 年)》(2016 年)指出,将中医药基础知识纳入中小学传统文化、生理卫生课程。这一系列文件的出台,为中医药文化进教材、进课堂创造了有利条件和良好氛围。

中医药文化校本课程的实践为课堂主渠道作用的发挥提供了现实借鉴。目前,在中医药事业上升为国家战略的大好机遇期,全国各省市都在不断地探索中医药文化进校园的适宜路径。据 2017 年公开报道的数据表明,北京市有近 9 万名中小学生选修中医药文化课。而浙江省从 2017 年下学期开始,五年级小学生开始学习中医课程,首批出炉教材达 10 万册。上海、广州、河南、江西等省市先后结合当地中小学教育教学工作需要,开发了相应的校本课程体系。一些中医药文化底蕴深厚的地区也结合自身中医药文化地域特色,开设了中医药文化特色启蒙教育课程。从已有的课堂教学实践来看,充分体现了“依托课堂教学这一主体,灵活设计教学内容和教学方法,融合中医药文化体验、中医药健康知识传授、中医药特色实践活动等多种载体”这一多维立体教学模式。中医本身具有五大属性,即科学性、经验性、文化性、产业性和原创性,所以它不仅作为一种文化现象,更作为一门原创性的医学、一门生命科学而存在。因此,要从思维层面、理念层面和行为层面,真正将中医药文化渗透、植入中小学传统文化教育和健康教育当中,单纯依靠一些形式上的、短时期的中医药文化主题活动是行不通的。只有充分发挥课堂主渠道的作用,系统地推动中医药文化进教材、进课堂、进师生头脑,才能真正将中医药文化进校园落到实处。

“中医 +”思维为课堂教学主渠道作用的发挥铺设了可行路径。发挥课堂教学在中医药文化进校园中的主渠道作用,要创造性运用“中医 +”思维,采取分类指导、因地制宜的原则,打造“中医课程”和“课程中医”相结合的灵活模式。所谓“中医课程”,即采用“中医课程 +”的方式,将中医药文化知识以一门独立的人文素质教育课程纳入中小学教育体系。目前,北京、上海、广州等地都构建了具有自身特色的中医药课堂教育体系。所谓“课程中医”,即采用“中医药文化元素 +”的形式,充分融入国学、语文、品德与社会、道德与法律、体育、生理卫生及健康教育等各门课程当中。比如,甘肃省陇西县将中医药文化与健康教育融入德慧智国学教育当中,浙江省金华市丹溪小学将"固本培元"的中医理论融入教育教学中。全国各地区的中小学校可以根据自身的教育教学资源和人文素质教育需要,灵活选择"中医课程"和"课程中医"的方式,渐进性地推动中医药文化进校园。比如,经济文化较为发达且工作开展较好的地区和学校,可以采用"中医课程"的整体嵌入模式;自身具备深厚中医药文化底蕴,已有一定工作基础的地区和学校,可以采取"中医课程"和"课程中医"相结合的混合嵌入模式;而目前这块工作相对滞后且师资队伍较为匮乏的地区和学校,就可以采取"课程中医"的局部嵌入模式进行试点。

## 三、中医药文化进课堂应服务四个环节,把握十大关系

推进中医药文化进中小学课堂,涉及四个重要环节,即教学目的、教学主体、教学过程、教学评价,而其关键前提在于中小学中医药文化知识教材必须服务于上述四个环节。具体而言,即是确保编写目的服务于教学目的,编写内容服务于教学主体,编写体例服务于教学过程,编写体系服务于教学评价。要服务好"四个环节"、做到"四个确保",就必须在中小学中医药文化知识教材的编写过程中处理好"十大关系"。

### (一)把握两大关系,确保编写目的服务于教学目的

第一,要处理好中医药文化进课堂与中华传统文化教育的关系。党的十八大以来,中华民族伟大复兴的中国梦引领着中华民族文化复兴的时代浪潮,中华优秀传统文化成为中国特色社会主义文化自觉和文化自信的源头活水。党的十九大报告指出,"要坚守中华文化立场",将弘扬中华优秀传统文化提到了前所未有的高度。中医药是中华优秀传统文化的精髓,它深深扎根于中国古代哲学思想,强调"道法自然、天人合一""阴阳平衡、调和致中""大医精诚、仁心仁术",充分体现了中华文化的价值内核,是传承和传播中华优秀传统文化的重要载体。因此,我们要从国家文化软实力和民族文化自信的高度,来充分认识中医药文化进课堂与中华传统文化教育的统一性。中国自古就有着儒医的文化传统,以孔孟儒家思想为指导的医学理论与医疗实践体系在"不为良相,则为良医"这一价值理想中得到了最为直接的体现。中医药文化与中华传统文化在哲学智慧和伦理思想上是一脉相承的,两者在当代的创造性转化和创新性发展也是可以相互为用、相辅相成的。因此,在走进中小学这一问题上,两者既可以作为思想政治

教育资源，共同服务于立德树人；又可以作为人文素质教育资源，共同致力于素质教育。中小学中医药文化知识教材编写的指导思想可以定位为：以习近平新时代中国特色社会主义思想为指导，传承和弘扬中华民族优秀传统文化，以高度的文化自觉和文化自信，推动中华优秀传统文化的创造性转化和创新性发展。借助中医药文化的“双创”工作，推动“中医药文化进校园”，促进中华优秀传统文化深入广大中学生的学习、生活当中，帮助广大青少年拓宽认识，健康身心，增强文化自觉与文化自信。

第二，要处理好文化认同与知识传授的关系。习近平总书记指出，中医药学凝聚着深邃的哲学智慧和中华民族几千年的健康养生理念及其实践经验，是中国古代科学的瑰宝，也是打开中华文明宝库的钥匙。通过这句话，我们要树立对中医药学的正确而全面的认识。简而言之，就是要正确认识中医的文化属性和科学属性，在中医药文化进课堂的过程中，要注重中小学生的人文素养和科学素养的双重培养，两者不可偏废。因此，我们的编写目的就应该辐射如下五个方面：一是通过传播中医药文化，提升对中医药文化的认同、喜爱和自豪感，促进广大中学生对中华优秀传统文化的自觉和自信，增进爱国主义情怀；二是通过弘扬中医药核心价值观，加强对广大中学生的道德情感熏陶和素养教育，培育和践行社会主义核心价值观；三是通过传承中医药基本理念，帮助广大中学生形成正确的生命观和科学观，学习用中医独特的思维方式来认识、分析、解决客观问题；四是通过传授中医药基本知识和方法，掌握与广大中学生身心发展特点相关的中医防病治病知识，提高其自身健康管理能力；五是要激发一部分中学生对中医药学的兴趣和热爱，树立传承和发展中医药事业的志向和理想。

### （二）把握三大关系，确保编写内容服务于教学主体

第一，要处理好中医药文化进课堂与中小学教育发展现状的关系。中小学生课外负担过重，是我国基础教育长期存在的突出问题，不利于青少年健康成长和素质教育实施。目前，教育部将减轻中小学生过重课外负担作为一项重中之重的任务，以校外治理规范、校内提质增效为重点，切实提高学校育人能力和水平，更好地发展素质教育。因此，中医药文化知识进课堂的一个基本定位是帮忙不添乱、减负不加负，最好的期待是能够发挥补位作用，作为人文素质教育的一种补充和组成部分，为提升中小学素质教育增添一抹新色和亮色。要达到这个目的和效果，中小学

中医药文化知识教材的编写就特别需要把握一个原则，即：体量适度与教学灵活。体量控制在两个学期共计 32 ~ 36 学时为宜，而教学内容则要采取单元式、专题式组合，充分尊重教学实施的实际需求，为教学单元的自选与组合创造条件，实现“点菜式”教与学。

第二，要处理好中医药文化进课堂与中小学生身心成长的关系。中医药文化进课堂的出发点和落脚点是服务于中小学生的身心健康成长，服务于基础教育教学质量提升，服务于广大基础教育工作者和中小学生家长。事实上，所谓“推动”中医药文化进校园、进课堂，依赖的是传播者与受众的双向力量，只有解决了受众的需求，这个推动才可以获得全方位的可持续发展。对于中小学生而言，主要需求体现在三个方面：一是增进基本健康知识，提升健康管理能力，自觉地将中医药文化知识融入起居、饮食、情志、运动当中；二是感受中医药文化熏陶，影响思维方式和情感认识，促进个人的人格完善与身心和谐；三是学习中医药独特的思维方式，增强科学素养，提高创新能力。2018 年 7 月 25 日，教育部基础教育质量监测中心发布了我国首份《中国义务教育质量监测报告》，其中“视力不良、睡眠时间总体不足”成为一个十分突出的共性问题。那么，中医药文化知识教材就要积极回应这些现实需求，真正在深化基础教育改革、提升基础教育质量、增进国民健康水平方面发挥实效。

第三，处理好中医药文化进课堂与健康教育教师队伍的关系。《“健康中国2030”规划纲要》对于如何加大学校健康教育，提出“培养健康教育师资，将健康教育纳入体育教师职前教育和职后培训内容”。中医药文化知识课程的教师队伍问题，是制约中医药文化进校园、进课堂的重要因素。要解决教师队伍建设问题，首先要解决的是授课教师的中医药文化自觉、自信和中医药文化知识素养问题。只有授课教师做到了“识中医”“信中医”“爱中医”“用中医”，才能充分保障课堂的主渠道作用。目前，北京、上海、广州、江西等中医药文化进校园开展得较早和较好的省市，在中医药文化知识任课教师队伍的建设上都有一些好的经验和做法。总结起来，主要是两条路径：一是加强对本校教师资源的培训，组织专门的骨干教师队伍以及中小学健康教育专兼职教师进行培训；二是通过中小学与地方中医药大学、科研院所或者中医医院合作的方式，聘请专家队伍开展课堂教学。中医药文化进中小学需要基础教育队伍和中医药队伍两支队伍协同作战，而培养一支既懂基础教育又懂中医药知识的教师队伍便是当务之急。短期培训无法真正提升中小学教师的中医药文化素养,而外请的中医药专家团队又不能充分适应基础教育的规律。因此,在全国范围内开展中医药文化进课堂,首先就要充分提高中医药文化知识教材对于教师的适用性。同时,要针对教材内容,对教师进行专门的培训,充分采用教学光盘、慕课、微课等内容载体,结合现场教学、网络教学、体验式教学、小组研讨等形式,促进教师提高教学的有效性和持续性。

### (三)把握三大关系,确保编写体例服务于教学过程

一是要处理好系统性和必要性的关系。中医药文化博大精深,知识面广、系统性强,涉及文化常识、价值观念、经典著作、基本理念、诊疗思维、方剂、中药、养生保健等诸多方面。在中医药文化知识教材的编写过程中,要坚持一个基本原则,即:“抓住必要性而不囿于系统性。”要根据中小学生的知识结构、思维特点和身心需求,依据“必要性、可及性、实用性”三个维度,来把握好内容的取舍。既要保证中医药文化的基本要素、基本内容、基本知识有所体现,又要充分适应中小学教学的需求。

二是要处理好规范性和通俗性的关系。中医药文化进课堂,要充分体现中医药健康养生文化创造性转化、创新性发展的要求。总的原则是要采用中学生能够接受和喜爱的语言编写,传播规范性、科学性的知识。确保规范性需要组织中医药领域和中小学教育领域的专家团队,对中医药文化知识教材进行严格把关和审核。通俗性则要在“三个结合”上做文章、下功夫,即:要充分结合现代生产、生活方式,要充分结合当下中小学生对健康和传统文化的兴趣需求,要充分结合中小学生的日常生活需求。

三是要处理好传承与创新的关系。传承发展中医药文化,首先重在传承,重在对我国数千年的原创性医学经验成果的认识与传承。因此,中医药文化知识教材要做的不是内容的创新,而是选取合理的内容,在表述形式和教学方法上来实现创新和突破。尤其要充分关注到多媒体、融媒体时代,传统教育教学方式所面临的挑战。因此,在教材的编写过程中,要加强与中小学专家团队的沟通,必要时可以深入中小学进行调研,充分听取师生们对于编写体例的意见。比如,不同的教学内容,可能有的适合讲座,有的适合现场体验,有的适合动手实践,还有的则适合融入生活,如给长辈泡泡脚、按按摩等。这些都要在把握基本内容的基础上,做好形式和方法的创新。

### (四)把握两大关系,确保编写体系服务于教学评价

一是处理好中学与小学之间的关系。正如中医药文化知识教材的编写要坚持以中小学生的需求为导向,那么中医药文化课程的教学评价也要坚持是否满足需求为导向。中学与小学是两个跨越性的发展阶段,两者既有区别又有联系。两者的区别体现在,从认知能力、思维方式、情感特点、社会能力、行为方式等各个方面,都呈现出培养需求的差异。而两者的联系又体现在知识结构的衔接、思维方式的发展以及价值观念的塑造等多种层面。因此,中小学生的生理、心理发展阶段性特点,应当作为中医药文化知识教材编写的隐性线索,也是评价中小学教育教学效果的隐性指标。比如,同样是对待身体问题,对于小学生而言,侧重的是认识自己的身体状况,理解身体不断发出的信号,培养一种解决健康问题的思维方式和基本知识。而对于中学而言,随着逻辑思维的发展和价值观的成熟,应更多地侧重于中医独特的生命观、健康观、疾病观的学习,发掘中医药资源在生命健康教育和科学素养教育方面的作用。

二是处理好课程考核与结果运用的关系。中医药文化知识课程如何考核,是一个关注、讨论了多年的问题,不同省市对于这一问题的处理也有不同的方式。如2012年9月,北京小学推动中医文化进课堂,定位是“非常规课程不入课表不考试”。而在2016年北京市教委设立的“初中开放性科学实践活动”中,则尝试将“水火烫伤紫草膏”“提神醒脑清凉油”等中医药课程体验计入中考成绩。2017年2月14日,时任国家卫计委副主任、国家中医药管理局局长王国强在中医药文化进校园校长研讨会上发表讲话指出,“中医药文化进校园,主要目的并不在于培养未来的小郎中,而是要让这门国粹赢得广泛的受众基础,同时普及健康养生知识,提高祖国下一代的身心素质,使学生们终身受益。”因此,对于中医药文化知识课程的考核和结果运用,要充分考虑“中医药文化进校园”的初心和归宿,要避免一刀切、指标化等操之过急的心理。可以尝试采取多维考核评价机制,围绕公民中医养生保健素养测评、中小学生体质测评以及教学管理者、家长及其他社会层面人士的反馈评价等多个方面开展,进行弹性考核。

(文章来源:何清湖,陈洪.中医药文化进校园重在进课堂[N].中国中医药报,2018年8月9日第3版.)

# 中医药文化传承与大众传播实践初探

毛国强 屠金莉

习近平总书记在党的十九大报告中将推动中华优秀传统文化创造性转化、创新性发展,提高到了担负新的文化使命、激发全民族文化创新创造活力、建设社会主义文化强国的高度,同时提出要“坚持中西医并重,传承发展好中医药事业”。中医药文化是中华民族优秀传统文化中的重要组成部分,凝聚了几千年的健康养生理念及其实践经验,如今面临传承、传播等多方面的挑战,国家将复兴中医药文化放在非常重要的位置。党中央、国务院对继承和弘扬中华优秀传统文化日益重视。2017 年 3 月,中共中央办公厅、国务院办公厅印发了《关于实施中华优秀传统文化传承发展工程的意见》,第一次以中央文件的形式提出中华优秀传统文化传承发展问题,要求加强包括中医药文化在内的优秀传统文化传播。中医药文化具有的人文精神和哲学内涵,正在成为树立文化自信、讲好中国故事、提升国家文化软实力的重要载体。近年来,国家先后出台、颁布《中医药文化“十三五”发展纲要》《“一带一路”中医药发展规划》《中医药法》《中医药白皮书》等,对中医药事业发展空前重视。在这一大背景下,做好中医药文化传播不仅关系到国人的整体健康水平,更事关国家的文化软实力。

2016 年国务院颁发了《中医药发展战略规划纲要(2016—2030)》,提出“推动中医药进校园、进社区、进乡村、进家庭,将中医药基础知识纳入中小学传统文化、生理卫生课程”[1],这一阐述充分说明,国家对于在青少年间推广普及中医药文化知识的重视,同时也极大地推动了中医药文化进校园的具体实践活动。

2017 年 5 月 26 日,由天津市卫计委、天津市教委主办,天津中医药大学承办的“2017 年天津市中医药文化进校园”系列活动在和平区万全小学举行活动启动仪式。首批确定的中医药文化进校园试点校共 14 所中小学,遍布天津市内六区。这是天津市卫计委、市教委首次联合开展中医药文化进校园活动。承办单位天津

---

作者简介:毛国强,天津中医药大学,教授。

屠金莉,天津中医药大学,副教授。

中医药大学语言文化学院通过联合新闻媒体、教育卫生主管部门、中小学、公益组织等策划开展了丰富多彩、特色鲜明的活动，开展了中医药文化传承与大众传播实践探索，取得了很好的社会效果。

## 一、中医药文化认同调查凸显传统文化传承紧迫感

在青少年中传播中医药文化，有利于增加民族自信、文化自信。通过中医药文化进校园活动，特别是将中医药文化和健康知识传播给中小学生，让他们从小接触中医，了解中医，热爱中医，提升青少年的中医药文化素养，在他们的内心播下岐黄之术的种子，对于培养中华传统文化的自豪与自信具有重要意义。同时，通过中医药文化进校园活动，可培养学生树立良好的健康生活习惯，提高健康素养，共筑健康中国梦。为了精确把握中小学生对中医药知识的认知程度和需求及其健康观念，确保中医药文化进校园活动能够更好地贴合中小学生的学习兴趣和实际接受能力，为中医药文化进校园天津读本的撰写提供科学的数据参考和事实依据，项目组进行了周密的问卷调查和数据分析研究。项目组通过纸媒、互联网、公共场所等多种方式，开展中医药文化认同调查，凸显传统文化传承紧迫感。

本研究采用问卷调查的形式，自主设计了《你对中医了解多少——中医药文化进校园问卷》，调查天津市中小学生对中医药文化知识的认知度及健康观念的现状。问卷中共设计了21道题目，包含学生个人基本信息、对中医药文化及中医药学知识的认知、对于中医药的需求、健康状况、中医药文化知识的传播途径5个维度。项目组向天津市两所小学（岳阳道小学、万全小学）、两所初中（第六十一中学、第九十中学）、两所高中（第二十一中学、第二南开学校）随机发放问卷，共回收有效问卷273份。对学生的个人信息的统计结果显示，问卷调查样本以初高中生为主体，初中生占58.98%、高中生占24.92%、小学生占12.09%，未答题者占4.03%。

中医名家、中医典籍、中医药名词术语、中药本草都是中医药文化知识的重要组成部分。通过统计结果发现，受访的中小学生对于中医典籍有一定的了解（83.15%知道《本草纲目》，46.89%知道《伤寒杂病论》，46.89%知道《神农本草经》）；了解中医名家（83.15%知道华佗，76.56%知道扁鹊，70.33%知道张仲景，59.34%知道李时珍，26.74%知道孙思邈）；对中医常用术语有一定了解（81.32%知道上火，50.55%知道受寒，30.77%知道脾胃虚寒，29.30%知道气血不足，28.94%

知道肝火旺)。能够知晓常见的中草药:超过50%的受访中小学生知道某味或几味中草药,如人参(77.29%)、陈皮(73.26%)、金银花(72.53%),板蓝根(71.06%)、薄荷(71.06%)、阿胶(67.77%)、甘草(66.30%)、茯苓(65.20%)、枇杷(65.20%)、何首乌(60.44%)、牛黄(57.51%)、黄连(57.14%)。

对中医药的需求:中医药养生保健、治病调理观念已经得到广泛普及,人们对中医药有较大的需求。受访的中小学生中56.78%都有接受过中医治疗的经历,汤药、中成药、拔罐成为中小学生接触最多的中医治疗方法。在受访学生中,感冒(42.12%)、胃口不适(25.64%)、跌打扭伤(14.65%)、失眠(14.65%)和内分泌紊乱(12.09%)成为接受中医治疗最多的病症。

当遇到头痛、失眠等状况,中小学生如何解决呢?根据调查,超过半数(54.21%)受访中小学生选择了“休息”,超过两成(24.54%)选择了“不和别人说,忍忍就好了”。而选择看中医的超过两成(22.34%),选择看西医的不到两成(17.22%),还有不到两成(18.32%)选择了“随便吃点药”。通过数据来看,当遇到身体不适状况时,选择看中医的中小学生不在少数。同时,更有近六成(57.51%)受访中小学生希望通过学习中医药文化改善自身体质。如何将中医药文化进校园活动与改善中小学生体质紧密联系呢?对此,去年带领学生在和平区万全小学素质拓展课开设中医药课程的天津中医药大学教务处处长阚湘苓教授表示,对于小学生,既要教授中医药文化的理论课程,也要教授刮痧、拔罐、针灸等实务课程,“我们还会针对中小学生的体质特点传授八段锦、太极拳、眼保健操、足底穴位按摩等保健手段。”

问卷调查了中小学生的健康状况。结果显示,19.05%的受访中小学生的身体健康状况不容乐观(12.82%的受访中小学生感觉学习压力大,表现出“一般,无精打采”,6.23%的受访中小学生“爱生病”)。中小学生正处于成长和发育的关键阶段,但是从调查结果显示,共计近20%的受访中小学生出现情绪低落、易生病等亚健康的状况,可见对其进行健康理念和知识的传播,显得尤为重要和紧迫。

## 二、大众媒体仍是传统文化传播的主阵地

在现代社会,多种媒体并存,人们可以随时接触到中医药文化和健康知识。调查研究发现,中小学生获得中医药知识的首要渠道是生活中家人、朋友的谈论、自

己看中医的亲身体验。广播电视和中医药书籍是最常用的媒介，而互联网、微博、微信等新媒体手段也是不可或缺的途径。

调查统计，受访的中小学生认为电视养生栏目（48.35%）和报纸养生专栏（44.32%）是其接收中医药知识的首选，听广播（32.23%）、中医药文化讲座（28.57%）和自己上网学（8.06%）也成为受访中小学生学习中医药知识的主要途径。

调查结果反映出，传统媒体（电视、报纸、主流网站）依然是广大青少年获取健康知识的首选。在加强这一传播途径的同时，应更好地组织参与性强、互动性高、趣味性好、知识性丰富的活动，以青少年乐于接受的方式传播中医药文化，使他们切实感受中医药文化的魅力。在中医药文化知识是否应该走入课堂这一关键问题上，项目组分别对中小学生和天津市民做了问卷调查。结果显示，55.19%的受访中小学生认为“有必要”，12.57%认为“没必要”，32.79%选择“说不好”。这说明半数以上的中小学生能够接受在课堂中学习中医药文化。在针对439名普通市民的调查中，结果显示，81.74%的受访者认为有必要让中医药文化重点知识成为中小学生的必学内容，8.22%受访者认为“没必要”，10.05%受访者表示“说不清。”由此可见，市民和中小学生基本赞同中医药文化进校园、进课堂。这趋势在对市民的调查中更为清晰，凸显了在中小学生中传播中医药文化的重要意义。

## 三、中医药文化传承与“立体传播”途径的新尝试

除在《今晚报》整版刊发中医药文化认知问卷调查以外，中医药文化进校园项目组突出整体性设计，围绕传承与有效传播，策划了10多个子项目或活动，包括以天津版的《中医药文化精选读本》编写为核心，辅以中小学教师中医药文化知识培训，中医药志愿者团队健身技法校园宣讲，中医药养生专家讲座，中医药文化主题小记者体验夏令营，中华古诗词音乐朗诵会，印制发放中医药文化主题台历、宣传册、作业本等多种形式，形成立体化、全方位，形成完整的中医药文化大众传播的“天津模式”。

### 1. 编写中小学生读本，中医药文化进课堂

全国目前现有的中医药教材、书籍（特别是使用古文撰写的中医典籍）仅不到10种，更多是从专业性和医学治疗的角度编写的，忽略了中小学生的接受能力和

特殊背景。项目组着手编写富有天津地域特色的《中医药文化精选读本》。组织来自天津中医药大学、天津市社科联、天津市教研室、天津师范大学等单位的20多名相关学科专家，共同探讨、参与读本的编写。推进中医药文化进校园的根本目的，并不是把学生都培养成未来的“小郎中”，而是为中医的发展提供广泛的受众基础，使得学生具有一定的健康素养。从内容上看，读本中的中医药文化知识具有实用性，与日常生活密切相关。多介绍常识性、基础性知识，使用符合中小学生认知特点的语言与形式，讲述精练如天人合一、悬壶济世、大医精诚等中医药文化理念。从传播途径上看，可采用文字、图像、声音、动漫等生动、趣味性强的形式，通过讲述故事，引导中小学生学习中医药文化。

**2. 培训中小学教师，促中医药文化呈燎原之势**

天津市全部中小学生人数庞大，仅仅依靠以中医药专家为主体的宣讲团队进行中医药文化知识的传播，无法在数量上和时间上保证全部工作的完成。因此，较为适宜的方法是对中小学教师进行相关中医药文化知识培训，通过提高中小学教师自身的中医药知识和健康意识，来增强中医药文化知识传播的日常性和常态化。这样的培训并不意味着中小学教师都要成为中医专家，增加他们的教学负担。而是希望他们成为中医药文化课程化的主体，而中医药专家只是培训者。鼓励这些专业课教师，从其教授的语文、历史、地理、化学、自然、生物等科目教学内容中，寻找与中医药文化知识的结合点，推动中医药文化和中小学教学资源相结合，促进学科间的相互渗透、有效地将中医药知识与现有课程内容结合得更紧密，使得中医药文化知识的传播达到“润物细无声”的境界。在语文课中，增加中医药诗词吟诵、楹联鉴赏等，吟诵中医三字经或者选择合适的中医典籍篇章，增强学生古汉语的学习；历史课可以将中医学史架构在中国历史脉络中，讲解中医史实和中医历史人物；地理可以结合中国地理区域，介绍各地的道地药材；自然课可以让学生去到药用植物园，亲身接触中草药材等等。

项目组2017年底前将集中天津市中小学教师在天津中医药大学进行集中培训中医药常识，任课教师主要由天津中医药大学的中医、针推、古典文献学等专业的教师承担，以期达到由点及面之功、星星之火可以燎原之势。

**3. 组建志愿者团队——传播传统文化生力军**

我们充分利用天津中医药大学丰富的中医药专业资源，组建一支传播中医药文化知识的志愿者团队。这支年轻的队伍包括中医药、汉语言等专业的研究生和本科生。他们不仅拥有系统而丰富的中医药学和中医语言文化知识，而且年轻热情、思想活跃，善于和小朋友沟通交流，对工作积极主动。近几年，在大学生"挑战杯"和"创新创业"竞赛中，涌现出了一批从事中医药相关研究的团队，由他们参与中医药文化传播公益活动，可以学以致用，有助于大学生对其学习内容的强化和完善，增强对中医药文化的认同感和自豪感，提高其研究的实践性。在本项目中有的志愿团队传播中医药健康和养生知识，传授太极拳、八卦掌等传统武术，强身健体；有的志愿团队教小朋友辨识药材，亲身体验中医药香囊的制作；还有的志愿团队对天津市中医药旅游资源的分布和现状进行调查研究，为今后中医药文化培育基地的建设打好基础。

#### 4. 大家名家健康养生讲座，传承"中医之美"

中医的魅力历久弥新，项目组拟聘请院士、国医大师等中医大家为中小学生进行中医药文化和养生知识的讲座，时间虽短却影响深远。他们将完备的中医药知识理论体系同自身丰富的中医药临床经验相结合，形成了自己独特的医学观点和人生体味，能将晦涩难懂的中医理论知识用通俗易懂的语言讲述。由于他们的权威性，使得中医药的传播更具有权威性、科学性、实用性，让中小学生更加信任中医、爱学中医、热爱中医。让广大的中小学生体验"中医之美"。中医药专家讲座，具有权威性，但讲座次数较少，无法满足所有的中医药传播需求；志愿者团队的优势在于其善于沟通，易被中小学生喜欢，但缺乏权威性。中小学教师，因其拥有丰富的中小学教育经验，了解中小学生的心理状况，日常与中小学生接触最多，由其进行中医药传播，会取得意想不到的效果。但其专业知识不足，可以通过学习讲授《中医药文化精选读本》得到弥补。

#### 5. 中医药体验夏令营播撒传统文化种子

为了增强学生的中医药文化知识，培育学生的采访写作能力，项目组 2017 年 8 月举办了全国第一家中医药文化体验"小记者"采风夏令营，来自天津市 20 多所中小学的 30 多名学生踊跃参加。该活动培养了学生的新闻采访写作技能，讲授了中医药基础知识和保健技能，同时带领孩子们走出课堂，走进天津中医药大学新校区的药用植物园，在药山上向经验丰富的老药工学习本草辨识知识。在京万红乐家老铺，了解"津药"文化和天津地区医药发展历史，了解中药炮制过程，学习中药性味。举办这样的实践活动，是希望中小学生们成为各自校园中传播中医药文化知识的小能手，播撒传统文化和中医药文化的种子。

### 6.“小老外”和幼儿“特色专场”再传播效果显著

项目组师生团队还组织了多场特色中医药文化进校园活动,使中医药文化首次走进有青少年留学生的国际学校和幼儿园。此外,项目组还与在津的两所大型国际学校(天津泰达国际学校和天津惠灵顿国际学校)合作,这也是全国范围内,中医药文化第一次走入国际学校。学生志愿者团队全程使用英文,向来自 10 多个不同国家和地区的国际学生介绍中医药文化知识,辨识常见的中药性味,制作端午特色的药囊。让中医药文化不出国门就可以走向世界,开展了中医药文化国际传播的实践。

中医药文化走进幼儿园活动,分别针对小朋友和家长举行不同的活动。针对小朋友,主要是让他们看一看、摸一摸,接触中医药文化知识。针对家长,主要是进行中医育儿和小儿养生观念介绍,以及常用小儿推拿手法演示,让家长更好地了解中医药文化,实际接触到中医保健知识。

通过在外国中小学留学生和幼儿中传授中医药文化知识,可实现由孩子到家长的再传播,起到事半功倍的效果。

## 四、中医药文化大众传播意义非凡,任重道远

习近平总书记在党的十九大报告中用一整段的篇幅论述了实施“健康中国”战略,提出要完善国民健康政策,为人民群众提供全方位、全周期的健康服务。中医所讲的“治未病”,与倡导健康文明生活方式、预防控制重大疾病有很大关系。无论是“健康中国”战略还是发展和弘扬、传播传统中医药文化,都为中医药的发展提出了明确的目标。“十三五”期间,医疗服务业、中医药事业、养生养老产业等大健康产业将迅猛发展,随着人民生活水平的提高,公众对自身健康越发关注。然而,很长一段时间以来,中医药与西医药相比,无论是在国内影响力还是国际竞争力方面均有明显差距,公众对中医药的认可和重视程度仍有待加强。现状是公众对中医药养生保健知识的需求不断增加,对中医药文化的了解欲望日益增强。但许多广泛传播的相关内容缺乏科学性和系统性,究其原因,很重要的一点是大众传播手段和方式滞后,加之缺少专业的中医药文化传播机构和人员,致使没有达到传播的广泛性和有效性。在大健康的背景下,中医药文化的国内和国际传播都迎来了新的机遇和挑战,中医药文化传播必须加快发展步伐。《中医药发展战略规划纲要》也明确了今后一个时期中医药发展的 7 项重点任务,包括着力弘扬中医药文

化、发展中医药文化产业、积极推动中医药海外发展，并指出了中医药文化传播的重要性和迫切性。

由于中医药优秀文化弘扬不够，转化不足，导致中医药服务经济社会发展的动力还没有充分发挥，中医药的优势还没有得到充分彰显，迫切需要按照五大发展理念，深刻认识当前中医药所处的历史方位和重要阶段特征。但随着生活水平的提高，人们对于健康美好生活的追求也越来越高，同时对于传统文化的接受越来越理性，对中医药的认同感加强，努力形成“信中医、爱中医、用中医”的大环境。这是对中医药文化传播者提出的新挑战，但同时也是新的机遇。中医药文化进校园、中医药文化大众传播任重而道远。

习近平总书记在写给中国中医科学院成立 60 周年的贺信中指出，当前，中医药振兴发展迎来天时、地利、人和的大好时机，广大中医药工作者要增强民族自信，勇攀医学高峰，深入发掘中医药宝库中的精华，充分发挥中医药的独特优势，推进中医药现代化，推动中医药走向世界，切实把中医药这一祖先留给我们的宝贵财富继承好、发展好、利用好，在建设健康中国、实现中国梦的伟大征程中谱写新的篇章[2]。

今天我们在学生和公众心中播撒一颗中医药的种子，让它在未来长成促进全民健康的参天大树，增强学生和群众对中华传统文化的认同感，增进学生的文化自信和民族自信，促进学生树立健康生活观，提高身体素质。中医药文化传播未来很美好，可以运用多种形式，充分利用先进的科技手段，探索建立“互联网 +”模式下的中医药文化传播方式。在近一年来的天津中医药文化进校园活动中，项目组联合多家媒体策划的“中医药味道”新闻社会活动如火如荼地在全市开展，目前全市有近 30 所中小学、14 所试点学校的数万名学生接受中医药文化熏陶；在学校、社区主办中医药文化科普讲座 10 余场，近万名市民受益。新华社、人民网、天津各主流媒体报道 30 余次，营造了良好的传统文化和中医药文化大众传播氛围。

项目组将深入学习贯彻党的十九大会议和习总书记重要指示精神，准确把握和利用好中医药大有作为的重要战略机遇期，大力做好中医药文化大众传播工作，助力中医药事业发展，为中国百姓带来福祉。令人欣喜的是，天津市第一个中医药文化研究与传播中心于 2017 年 9 月底在天津中医药大学成立并挂牌，传播中心将联合社会各方力量，充分发挥新闻媒体作用，围绕中医药文化开展多方面的研究、传播模式等创新实践，力争在中医药文化大众传播方面开展更新的尝试、取得更大的突破，让璀璨的中医药文化在百姓心中生根、发芽、结果，为广大人民群众健康谋福祉。

## 参考文献

[1]中医药发展战略规划纲要(2016—2030 年)[EB/OL]. http://www.gov.cn/zhengce/content/2016-02/26/content_5046678.htm[2017-02-15].

[2]新华社. 习近平:推动中医药走向世界[EB/OL]. http://news.xinhuanet.com/mrdx/2015-12/23/c_134942704.htm[2016-09-28].

(本文原刊于《新闻战线》2018 年第 2 期)

# 《中医药文化精选读本(小学版)》编写的几点体会

李德杏

《讲好中医故事系列读物》是一套面向小学生的中医药文化读本,由中医古籍出版社出版。《四大名著知中医》为丛书的第五册,是挖掘四大文学名著中蕴含的中医药文化素材而进行的科普创作。中国古代文学名著作为中医药文化研究的重要资料,一直备受研究者的重视,特别是四大名著《三国演义》《水浒传》《西游记》《红楼梦》,因蕴含丰富的中医药文化知识,更成为研究者关注的对象。《四大名著知中医》读本创作源于天津中医药大学大学生创新项目——中医药文化进校园。图书编写组主创人员与出版社编辑精诚合作,从确定选题、编写形式到内容、语言、插图,几经修改,最终定稿,于2018年4月正式出版。

## 一、中医药文化的科普工作要从娃娃抓起

近年来,随着中医药文化科普工作的推进,面向小学生的中医药文化科普也跟进展开。有科普工作者指出:"中医药文化走进校园之后,面临的最大挑战就是师资力量绝对不足。"[1]所以,中医药文化进校园应该是一项系统工程,形式也不仅局限于授课。时任国家卫生和计划生育委员会副主任、国家中医药管理局局长王国强在"中医文化进校园校长研讨会"上表示,"开展中医药文化进校园活动,可根据不同阶段学生的特点和接受程度,设计恰当的中医药文化进校园模式。例如,学龄前儿童以兴趣吸引为主;小学阶段以接触体验为主,提高学生动手能力;中学阶段以探索思考为主,开阔自身视野,提升道德修养。"[2]根据小学生的阅读习惯与接受能力,编写适合他们的中医药文化读本一直在尝试过程中。

## 二、读本编写定位明确,形式与内容并重

《四大名著知中医》的读者定位为小学高年级的学生,即四至六年级学生。天津中医药大学中医药文化进校园项目组成员通过进入校园宣讲与调研,对此阶段学生的阅读习惯、偏好、接受能力、认知水平等问题有了较多了解。读本在编写的

作者简介:李德杏,天津中医药大学,副教授。

过程中，遵循形式与内容并重的原则，适应学情，以启发兴趣为主，注重阅读与思考的结合，编写形式活泼，图文并茂，内容上强调科学实用。

**1. 适应学情，启发兴趣**

主创人员通过进校园科普宣讲、调研发现，四至六年级的小学生对于四大名著并不陌生，但阅读过原著的却为数不多，大部分学生对于原著的阅读还存在一定困难。根据这种情况，在编写过程中对读本的内容进行了一次调整，删掉“读一读”板块中“原文链接”（即四大名著原文片段）的内容，只保留了对原著片段导读的部分。另外，主创人员认真研究了此阶段学生的课本及教辅材料语言的特点，在文字编排上使用符合他们阅读习惯的语言。适当使用疑问、反问的句式以及鼓励性的语言，以启发小读者的思考、动口、动手能力。

本册读本包含的中医药文化知识，主要依据四至六年级小学生的阅读和认知水平、兴趣与关注点、中医药文化知识的可操作性等几个方面来设计，以启发兴趣为主。例如，梁山好汉多好饮酒，他们喝醉了怎么办？由此展开介绍具有解酒功效的中医名方“二陈汤”，并指导他们自己在家操作，尝试着做一碗简易版的醒酒二陈汤，给喝酒后的爸爸解酒。用来预防感冒的红糖姜水，也是可以在家动手操作的。我们生活中所蕴含的中医药文化知识，都具有较强的可操作性，这已经超越了简单阅读，而能够学以致用，是兴趣阅读与动手操作的有效结合了。

**2. 专题呈现，图文并茂**

《四大名著知中医》分别从《三国演义》《水浒传》《西游记》《红楼梦》书中各选取 4 个与中医药相关的专题。《三国演义》专题包括“晕船与赤壁之战”“诸葛亮三气周瑜”“关云长刮骨疗毒”“薤叶芸香解瘴毒”；《水浒传》专题包括“公明醉酒饮二陈”“武松识破蒙汗药”“宋江避暑疗军兵”“卢俊义命丧水银”；《西游记》专题包括“花果山上中药多”“太上老君的丹药”“人参果不是人参”“悟空巧断国王病”；《红楼梦》专题包括“饭后漱口有讲究”“薛宝钗与冷香丸”“黛玉伤暑饮香薷”“林黛玉与合欢花”。16 段内容皆是四大名著中为小学生所熟悉的人物或故事，并且每一部分的独立性很强，可进行专题阅读。专题命名保留原著章回体的特点，以说明人物和故事，重在体现中医药知识。读者带着熟悉感进入阅读内容，会发现文中增加了中医药文化知识，熟悉感与新奇感并存，激发了阅读的兴趣。

主创人员结合小学生喜欢阅读图文并茂的绘本类著作的特点，将 16 个专题配上了相应的插图，重点突出中医药知识，有助于孩子们理解故事情节和人物，加深对相应内容的印象。如“悟空巧断国王病”的插图，小读者看完会想到“这怎么和我们去看病时用的诊断方法不一样?""这样的诊断可靠吗?"从而引发进一步的思考与探索。

**3. 编写体例,通达权变**

《四大名著知中医》的编写体例经反复推敲,最终设立"读一读""学一学""说一说""做一做""认一认"5个板块。"读一读"板块,在选取四大名著原文片段的基础上,对原文故事进行改编。"学一学"板块,具体介绍导读内容中所涉及的中医药知识。以"晕船与赤壁之战"为例,"读一读"板块介绍曹操为了解决自己的士兵水战晕船的问题,采纳了庞统的连环计,把船只连接在一起,但当黄盖带船行火攻之时,却无法及时疏散,导致了在赤壁之战中大败。"学一学"板块由此介绍晕船的相关知识,并具体介绍中医预防与缓解晕船的方法。

"说一说""做一做""认一认"板块,均为扩展阅读内容。"说一说"板块,主要是引导读者把了解到的知识讲给别人听,提升对中医药知识的热情与认知。"做一做"板块,主要是指导读者把学到的知识进行操作,在动手的过程中更真切地体会到中医药知识就在我们的生活中。"认一认"板块,主要是辨识中药的植物形态与饮片。植物形态的插图以花类中药为主,中药饮片以我们生活中常见到的食品为主,如山药、薏米等,帮助小读者初步建立起对中药饮片的认识。

**4. 科学科普,趣味实用**

《四大名著知中医》涉及的中医药知识包括中医基础理论、中药知识及应用、腧穴按摩、食疗养生、饮食习惯、生活常识等。例如,山药、薏米常吃,但读者是否知道它们的药用价值?经典甜品蓝莓山药中的山药竟然是很重要的一味中药,常吃又有哪些养生效果?常喝的红糖姜水到底有何作用?书中的内容科学地选择中医药知识,又贴近生活中的衣食住行,在应知常用的生活领域内挖掘中医药文化的精华,体现了中医药文化对生活的指导与预防保健作用。

读本的内容注重科学引导。如介绍"蒙汗药"与"水银"时,强调中国古代的医家很早就认识到了有毒之药若经合理利用又是治病的良药。同时又提醒读者,生活中的一些物品是有毒的,使用时需要小心谨慎,如水银温度计。对于某些夸大其词,不切实际,或者容易混淆的内容也给予了纠正和澄清。

## 三、小学生科普创作的几点体会

**1. 深挖素材,深入浅出**

《四大名著知中医》科普创作的素材来源于"小学语文新课标必读丛书",在小学生基本阅读的范围内融入中医药文化知识,在不增加学习负担的前提下,丰富了阅读内容。读本编写避开了晦涩难懂的中医药知识与语言,恰当选择应知应会却易被忽略的生活常识。例如,晕船在生活中很常见,除了服用晕船药之外,中医学也有很好的预防与缓解方法。选择的中医药知识还应是小学生阶段生活中常遇到,又充满好奇想进一步探索的内容。例如,为什么在寒冷的户外长时间活动后,妈妈通常会煮红糖姜水给我喝?所选内容还应让小读者一读就懂,一学就会,一次学习就能记住不忘。如介绍水银时,小朋友会认识到体温计中的水银有毒,使用体温计的时候要小心取放。

**2. 立足阅读,拓展思考**

大部分小学生在阅读四大名著原文时存在着不同程度的文字和语言困难,科普创作的前提是便于阅读。采用小朋友习惯的语言和喜欢的形式,改编成易于阅读的文字,力求语言朗朗上口,语意简单明了。激发学生阅读兴趣的有效方法是引发思考。读本着重设计了可引发思考的语言表述,例如,中暑之后我们该怎么做?蒙汗药真的存在吗?古人喝那么多酒难道不会醉吗?常吃的食物怎么会是药物,治病效果又如何呢?小读者带着这些问题去阅读,兴趣自然而生,在阅读的过程中,又会产生新的疑问与思考,逐渐培养起对中医药文化的热爱与探索。

**3. 潜移默化,润物无声**

中医药知识既不是医院的代名词,也不是药店的专有标签,而是在小学生的课外阅读、生活、娱乐等活动中触手可及的事物。面向小学生的中医药文化科普工作应该润物无声,创造一种看得见、摸得着、读得懂的中医药文化环境,让身在其中之人自然接触,习惯存在。同时又让孩子们带着兴趣进一步探索,让“中医药文化的传承在孩子们的内心种下一颗种子。”[3]面向小学生的中医药文化科普工作也不是培养“小郎中”,而是让中医药文化成为生活中的一个文化因素,像阅读文学、听歌曲、看影视一样,成为小学生成长路上的精神食粮。

在兴趣引导、科学传播的理念下编著中医药文化读本是面向小学生的中医药文化科普、宣传的重要途径之一。桃李不言,下自成蹊,中医药文化科普工作是一项潜移默化的工程,需要中医药文化工作者付出心血与努力。科普创作应结合小学生的认知、学习、接受特点,认认真真做好读本的编写工作,中医药文化的宣传亦是水到渠成。谨以此致敬《讲好中医故事系列读物》编写组的各位同事!

## 参考文献

[1]闫士翔,毛雁荣,闫剑坤. 中医药文化进校园模式探索[J]. 影像研究与医学应用,2018,2(15):205.

[2]王国强. 大中小学校长倡议中医药文化进校园[N]. 光明日报,2017-2-15(4).

[3]张丽,张焱. 中医药文化传承要从基础教育做起[J]. 成都中医药大学学报(教育科学版),2018,20(2):10.

(本文原刊于《中国中医药现代远程教育》,2019年17卷第6期)

# 中医药文化进校园的现状及对策分析

张安然 徐彩云 薛铁瑛 张卫平 左铮云

2016 年 2 月 22 日，国务院印发《中医药发展战略规划纲要(2016—2030 年)》，明确提出要“推动中医药进校园、进社区、进乡村、进家庭，将中医药基础知识纳入中小学传统文化、生理卫生课程”。一时间，中医药文化进校园在全国各地如火如荼地展开，特别是在中小学掀起了认识中医药、学习中医药、使用中医药的热潮，形成了全社会传承和弘扬中医药文化的新气象。本文通过梳理相关新闻报道和事例，反映中医药文化进校园的现状，在经验总结和问题导向的基础上提出建议，为中医药文化进校园有效实践提供思路和借鉴。

## 一、中医药文化进校园的现状

中医药文化底蕴深厚、源远流长，具有丰富的人文精神和哲学思想，是中国优秀传统文化的瑰宝，推进中医药文化进校园功在当代、利在千秋[1]。中医药文化强调的“天人合一，阴阳平衡”体现了中华文化“道法自然”“和合致中”的核心哲学智慧。弘扬好、传承好中医药文化是中华优秀传统文化传播的重要抓手和路径。推动中医药文化进校园，开展中小学生中医药科普教育既有培育人才的现实意义，还有传承和弘扬中华优秀传统文化的历史意义，是深化中华优秀传统文化教育的生动范本。

近些年，在国家和政府的高位推动和大力支持下，中医药文化进校园逐渐火热起来，已成燎原之势。特别是在北京、江西、河北、浙江、广东、上海等地，中医药文化进校园已初具规模和体系。笔者通过在中国中医药网站内搜索引擎，搜索关键词“中医药文化进校园”，得到 308 个查询结果，去除内容重复的新闻，约有 143 条新闻符合要求，起止时间为 2015 年 11 月 4 日至 2019 年 4 月 19 日。其中，涉及的省市及有关新闻数量分别如表 8 - 1 所示。

---

作者简介：张安然等，江西中医药大学，讲师。

表 8－1 “中医药文化进校园”相关新闻的地区分布情况

| 省市 | 新闻数量 | 省市 | 新闻数量 | 省市 | 新闻数量 |
|---|---|---|---|---|---|
| 北京市 | 18 | 四川省 | 6 | 陕西省 | 4 |
| 江西省 | 12 | 辽宁省 | 6 | 广西壮族自治区 | 3 |
| 河北省 | 12 | 广东省 | 5 | 甘肃省 | 2 |
| 山东省 | 9 | 吉林省 | 4 | 山西省 | 2 |
| 浙江省 | 8 | 河南省 | 4 | 江苏省 | 1 |
| 重庆市 | 6 | 上海市 | 4 | 福建省 | 1 |

通过表 8－1 得知，北京、江西、河北、山东、浙江等地在推进中医药文化进校园中较为活跃，刊发新闻数量和频率较高。

按年度划分，关于中医药文化进校园的新闻数量呈现出明显变化的态势。2015 年、2016 年，关于中医药文化进校园的新闻数量非常少。2017 年出现较大变化，刊发有关新闻 66 条。2018 年有所下降，刊发有关新闻 50 条。

根据以上新闻分布区域及年度数据统计，不难发现，中医药文化进校园起始于 2015 年，自 2017 年以来出现了快速发展的趋势。这与国家近几年在推动中医药事业振兴，以及中医药文化进校园上的一系列重大举措密切相关。

另外，通过对以上新闻内容的归纳和整理，有关中医药文化进校园的热点主要有：发布工作方案和实践模式，开展文化宣传教育活动，编写特色教材和文化读本，开设中医药文化教育课程等。如浙江省在全省开设《中医药与健康》小学课程的基础上，组织专家编写了《中医药与健康教学参考书》，供教师教学时参考，还将中医药内容纳入党校的长期课程；天津市完成《中医药文化精选读本（小学版、中学版）》编写工作，完成《中草药识别青少年绘本（双语）》《中医药文化概览英文读本》初稿，印发《关于天津市中医传统运动推广的实施意见》，探索推广太极拳、八段锦等中医传统运动；江西省探索并实践了中医药文化进校园“双向模式”，组织完成编写贯穿义务教育全阶段的特色教材《小学生学中医药》《初中生学中医药》，并在中小学开设中医药文化教育实验班，设立中医药文化宣传教育基地等，全校普及五禽戏、八段锦等传统功法教学，打造中小学中医药文化“金课”等；上海市联合教委、科委及相关院校等通力合作，建立长效工作机制，还搭建国内首个面向中小学生的中医药慕课科普平台，目前已有 10 万青少年注册学习；江苏省在全省范围开展“岐黄校园行”活动，发放自行编撰的《中医药就在你身边》学生中医药文化读本和教育工作者健康读本普及中医药文化和知识；广西打造了中医文化宣教品牌活动如“亲子中医文化营”“中医养生功法习练班”，出版中医文化进校园科普读物《青少年中医治未病》；广东中医药界与教育界发布中医药文化进校园“6＋1”模式并首先在广州市30所中小学铺开试点；河南郑州市印发《郑州市中医药文化进校园工作方案》，开展中医药文化进校园试点工作。

众所周知，在中医药文化进校园蓬勃发展的背后，是中医药振兴发展的时代大势，是“健康中国”的战略规划。党的十八大以来，党中央国务院高度重视中医药事业发展，出台了一系列战略举措，制定了一系列政策措施，推动中医药事业快速发展并取得显著成就。国家教育部、国家中医药管理局相继表态将推进中医药文化进校园。中医药文化来到中小学生身边，推动中小学生信中医、爱中医、用中医，是党中央国务院着眼当下、谋划未来，推动中医药薪火相传、振兴发展的大计。但是，中医药文化进校园蓬勃发展固然是好事，存在的问题也不容忽视。综合来看，主要体现为三个方面。一是“形式大于内容”，中医药文化进中小学的有效性、融合度欠缺。特别是中医药文化课程、教材融入中小学现有教学体系的路径和措施还有待探索，如何在全国范围内形成统一规范，还是值得研究的新课题。同时，中医药文化进校园活动千篇一律，缺乏创新，流于形式，很难在中小学生心中留下深刻的中医药印象。二是“一哄而上、一哄而散”，大多缺乏统筹协调，未能谋划长远、持之以恒，难以形成可持续、易推广的中医药文化进校园实践模式，中医药文化进校园的实效性难以保证。三是“政策多、落实少”，扎实推动中医药文化进校园的具体举措和办法较少。很多省市相继发布了相关文件和通知，高位推动中医药文化进校园工作，为中医药文化进校园营造了良好的政策及舆论氛围。但是，这些政策如何“落地生根、开花结果”，值得进一步研究和实践。

## 二、中医药文化进校园的对策分析

应清醒地认识到，中医药文化进校园旨在培养一代又一代中医药的信仰者、爱好者和使用者，需要实施者从一开始就做好顶层设计，持之以恒地开展，不计回报地付出。同时，要把握好中医药文化进校园的“度”和“效”，以帮助学生激发兴趣、了解常识、普及文化、提高身体素质为标准，创造性开展各项科普教育活动。

### （一）以人为本，以文化人

中医药文化博大精深、源远流长，包含了天人合一的整体观，尚中贵和的和合观，阴阳变易、五行生克的辨证观及大医精诚、救世济民的医德修养观[2]，还有养生防病的治未病观。开展中医药文化进校园，要鼓励学生们继承中医药文化“仁、和、精、诚”的优良基因，学会善待自己、善待他人、善待社会、善待世界，学会用中医药知识提升身体素质，成为中医药的受益者和传播者。

一要贴近中小学实际。课程、教材、活动要符合中小学生的学习习惯和心理特点，不以增加学生学业负担为标准，开展实验班、素质拓展、兴趣班、选修课、实践课、体验课等。有条件的可尝试开发配套的影像、慕课、科普读物等，丰富学习内容，提高中医药文化融入中小学的契合度。开展科普教育活动，贵在精细，每次活动应突出不同的重点，形成可持续的系列活动。如辨识中药材，可选取几种当地的道地药材进行针对性讲解，帮助提高中小学生对地方文化的认同感。

二要注重以文化人。在尊重中小学校实际情况的基础上，将中医药文化与中小学校园文化有机结合，在校园里融入中医药元素，如中医药景观、名医警言、中药种植、中医药特色教室等，以润物细无声的方式，促进中小学生认识中医药、熟悉中医药。如江西广昌实验小学与江西中医药大学“结对子”，将中医药文化教育与国学教育相融合，设立多个中医先贤特色教室，开展课间太极功法教学，开设旴江医学名家课堂等，着重加强德育教育，凸显了文化育人的特殊功能。

### （二）辨证施治，精准施策，因地制宜

中医药文化进校园要根据地域、校情不同，扬长避短，寻找合适的途径和办法，不可千篇一律。应结合地方特色，如地方名医、道地药材、地方文化等，提高学生的认知和兴趣。根据各校实际情况制订活动方案，尽量做到“一校一策”。根据中小学生的心理特点、学习习惯等，创造性地开展活动，切忌灌输式教育。

一要讲究策略。中医药文化进校园不仅要从中小学生抓起，还要从中小学教师抓起。浙江兰溪、江西南昌先后举办了中小学教师中医药文化知识培训班。江西南昌还在培训班的基础上，开展了中小学校长中医药文化沙龙、中小学教师中医药文化研讨会等多种科普教育形式，形成了颇具特色和规模的科普教育新模式。这类培训班、沙龙、研讨会大有裨益，通过中小学教师的言传身教，对中小学生的影响是直接性的。

二要注重实效。中医药文化进校园要分阶段推进，学龄前、小学、中学应有明显区别。王国强提出，“学龄前儿童以兴趣吸引为主；小学阶段以接触体验为主，提高学生动手能力；中学阶段以探索思考为主，开阔自身视野，提升道德修养。”[3]

适当安排一些操作性强的课外作业，帮助中小学生强化认识、巩固记忆。

### （三）固本培元，着眼未来

中医药凝聚着中华民族深邃的哲学智慧和几千年的健康养生理念及其实践经验，蕴含着先人们养生防病、强筋壮骨、延年益寿的智慧。中医药文化进校园应提倡“治未病”理念，以提高中小学生身体素质为目标，教育和引导中小学生起居有常、饮食有节，推动全民身体素质从小就强壮起来。在中小学开展中医养生讲座、传统功法教学、穴位保健、传统中医诊疗技术等科普教育，推广热敏灸等中医适宜技术，引导师生运用中医药知识治病防病、强身健体。定期开展中医药科普教育，与中小学研学结合，让中小学师生走进中医药博物馆、科研院所、高校、医院等，与中医药文化零距离接触，通过体验教学加深印象和认识。

### （四）君臣佐使，同心协力

“君、臣、佐、使”是方剂配伍组成的基本原则，论述各药在方中的地位及配伍后的性效变化规律。中医药文化进校园涉及地方政府、卫生行政机构、教育行政机构、中医药院校、科研院所、医疗单位、中小学等，如何统筹协调好各种关系意义重大。借鉴浙江、广东、北京、江西等地区经验，构建由地方政府指导和支持，卫生行政机构、教育行政机构主导，中医药院校、科研院所、医疗单位协助和实施的模式，是行之有效的。中小学应主动选择适合自身发展的途径，将中医药文化进校园作为强化素质教育和校园文化建设的难得机遇，自觉增强自身内生动力，积极争取政策和资金支持，引入优质资源，不断拓展中医药文化进校园的内涵和外延。各地的中医药院校应充分发展人才、学科和技术优势，主动承担起文化传承与创新的责任，调动青年中医药大学生的积极性，在中医药文化进校园中自觉担当主力军和生力军。

### （五）循序渐进，持之以恒

中医药文化进校园是教育的一项长期的、开创性的工作，要尊重人才培养的科学规律，在循序渐进中探索和实践，不断丰富和完善。在充分的调查研究的基础上，从一开始就做好顶层设计，制订实施方案，明确责任分工，持之以恒开展下去，让中医药普惠到每一代人、每一位孩子。以广东为例，中医药文化进校园“6 + 1”模式强调整体性设计，以地方教材建设为核心，针对项目式学习手册、中医药文化主题研学旅行、师生健康沙龙、中医药校园工作坊、中医经络体操、专家讲坛在内的6个板块进行系统性设计,组成一套完整的“6+1”体系。这一模式注重顶层设计与具体的资源供学生在课后进行自主学习,并配合适当作业让学生巩固所学知识,考察其学习效果。收集各种教学反馈信息后,在对各种信息进行汇总、分类和分析的基础上不断修订教学计划。

学生不再是知识的被动接受者,而是知识的主动建构者,是学习活动的主体。学生在课前自主学习教师上传网络的课件视频,对于重点或难点可以反复观看,思考揣摩;并记录下自主学习过程中遇到的问题,借助丰富的学习资源,完成自主学习任务单,在线上与老师同学共同探讨,检测自主学习的效果。课堂上,自主向老师提问,根据老师布置的任务,组建小组共同探讨,协作完成任务,探究问题。任务完毕,每小组派出一名代表向老师和同学汇报成果,其他小组可以提出疑问或意见。教师对共同的问题进行深度讲解剖析,个性化的问题针对性解答。整个课堂是学生完全成了主体,也是一个提高学生的应变能力、理解能力、交流能力、合作能力,激发学生探索好奇心的过程,无形中完成学生对知识的内化。

1. **评价方式**

翻转课堂模式中,课前和课后的自主学习和拓展也纳入评价中,除了考试成绩外,学习态度、课堂参与、合作学习等均作为评价的内容,评价的主体不再是教师一方,学生、教学管理者均纳入评价体系,全面、多主体、多元地考察教学过程和结果。

2. **形成性和终结性相结合**

平时做好学生各方面表现的记录,作为形成性评价的依据,如学生课外线上自主学习的时间与内容,课前自测题完成情况以及回答课堂上教师的提问、合作完成探究任务的参与度以及讨论、辩论,发言等。学期中期公布一次评价结果,以促进学生学习自省。终结性评估以期末闭卷考试方式进行,考察对目标内容的掌握。形成性评价和终结性评价分别占60%和40%,计入总评。

3. **多元交互评价模式**

改变教师为评价主体的单一模式,建立了教师、管理员、学生等多主体共同参与、交互作用评价模式,加强了评价者与被评价者之间的互动,既提高了学生的主体地位,又将评价变成了促进学生主动参与、自我反思、自我教育、自我发展的过程,形成了积极、平等、民主的评价关系。每单元学习后,学生需提交一份反思日记作为自评。每次小组活动后,学生之间需进行互评。教师每次课后撰写教学日记,反思自评。

**4. 翻转课堂模式**

翻转课堂新兴教学模式有利于深度学习，在研究生英语教学中有良好的适用性，设计得当的翻转课堂模式必定能提高中医药院校研究生的英语运用能力，提高英语教学效果，从而增强其用英语作为工具服务中医对外交流、传播中医文化的能力。

## 参考文献

[1]何克抗. 从“翻转课堂”的本质看“翻转课堂”在我国的未来发展[J]. 电化教育研究，2014(07):5-15.

[2]于志涛，牟晓青. 研究生英语教学现状分析与改革思考[J]. 重庆科技学院学报(社会科学版)，2005(02):72-76.

（本文原刊于《江西中医药大学学报》2019年第10期）

# 面向中小学生的中医药文化传播策略研究

张岩 薄彤 朱媛媛

中医药文化是中国传统文化的瑰宝，传播中医药文化既是促进中国传统文化屹立于世界文化之林的重要举措，也是增强国人的文化自信与民族自豪感的主要途径。

青少年是祖国的未来，肩负着传承与传播中国传统文化的重任。2016 年 2 月，国务院印发《中医药发展战略规划纲要（2016—2030 年）》，提出将中医药基础知识纳入中小学传统文化、生理卫生课程[1]。2009 年，《四川省中医药条例》也进行了部分内容的修订，提出中医药常识应当纳入中小学健康教育课程及社会卫生健康知识宣传范围[2]。北京、上海、浙江、甘肃等省市陆续开展了形式各异的面向中小学生的中医药文化普及工作，取得了一定的成绩。

本文根据目前国内中医药文化推广工作的现状，结合中医药文化的内涵特征以及中小学生的认知特点，探究传播策略，希望对中医药文化的推广工作有所裨益。

## 一、中医药文化的内涵特征

2005 年 8 月，第八届中医药文化研讨会首次明确提出了“中医药文化是中华民族优秀传统文化中体现中医药本质与特色的精神文明和物质文明的总和”[3]。其内涵深邃，包含两个显著特征。

### （一）中医药文化贯通古今，兼容并蓄

中医药文化融合了中国传统的儒、释、道等经典论述，同时吸收了诸子百家的合理内核，借鉴了天文、数学、自然、历法等自然社会科学知识，兼有自然、人文等多重属性。

---

作者简介：薄彤，天津中医药大学，副教授。

朱媛媛，天津中医药大学，讲师。

张岩，天津中医药大学，硕士研究生。

### (二)中医药文化以人为本,天人合一

中国哲学强调自然界是一个普遍联系的整体,提出天人相应、天人感应等思想。中医理论认为人与自然是和谐统一的,在此基础上注重人的预防保健和防病治病,以及调整阴阳平衡观,即把人当作核心,注重以人为本。

由此可见,中医药文化不仅蕴含着丰富的自然社会科学知识,而且承载着几千年来中华民族深厚的智慧和文化,在理解上存在较大的难度。

## 二、中小学生的认知特点

### (一)对新鲜事物接受能力强

青少年正处于知识的学习和观念的形成期,对新鲜事物容易接受,吸收新知识的速度也较快。此外,中国的中小学生从小就在儒家文化思维和马克思主义哲学思维的熏陶下成长,促使学生进行独立、全面、整体的思考,这对于理解抽象晦涩的中医药文化内涵是有一定优势的。

### (二)对中医药知识了解不多

教育是实现文化传承的最直接方式,因此,将中医药文化纳入青少年的教育体系,也是中医药文化传承最好的选择。但目前中小学教育课程中包含的中医药知识微乎其微,虽然初中生物课中提到了医学知识,但仅仅是现代自然科学知识。因此,很多中小学生对中医药知识的获知更多的是来自历史课本,或者中医药养生科普类节目、电视广告等。北京中医药大学的卢颖等对北京市一所中学近200名中学生做了相关调查。调查结果显示,看过中医、吃过中药、对中医药持相信态度的学生人数比例较高,但对中医药知识了解程度不高,渴望对中医药知识做深入了解的人数比例很低,将来想学习中医药专业或是当中医大夫的人数比例则更低。[4]

## 三、中医药文化的传播策略

### (一)培养储备师资力量和志愿者团队

在中小学普及中医药知识,具体落实者发挥的作用是不容忽视的。无论是配备专业的教师融入学校的整个教师团队,还是志愿者定期服务活动,两者都应具备

中医药文化知识，以及一定的教学素质。梅松政在《让中小学校医成中医药宣传员》中提到“校医可成为一名中医药知识进校园、进社区、进家庭的‘领头雁’。”[5]以校医为首选，通过对校医进行中医药相关知识与教师素质培训，能够更好地发挥校医的个人作用，对于中医药文化进中小学校园，也是具体落实的首发点。

此外，储备合格的传播志愿者队伍具有事半功倍的作用。志愿者可选用各地中医药院校的在校生，这些学生具备一定的中医药知识，可以帮助完成中医药科普活动的开展。同时，参与传播活动也可以作为这些学生的社会实践，增强其中医药文化认同感与中医药文化传播的使命感。

### （二）采用多种形式开展文化传播

首先，可以开设专门的中医药知识课程，不仅能够体现其正规化，同时在实施的过程中也更具有系统性。初级阶段可将中医药课程与中小学的生理卫生课、自然课等结合起来，将中医药知识融入其中。此外，还可以开设形式多样的中医药文化活动，如中医特色诊疗观摩体验，中药采摘辨别，中医药博物馆参观等。

### （三）编写配套教材

全国政协委员、海南省政协副主席史贻云指出，让中医药知识进中小学教材，是弘扬民族文化的一个重要方面，对培养青少年的民族自信心和自豪感很有意义，还可以使学生掌握基本保健知识，培养良好的生活习惯。[6]根据中小学生具体情况编写专门教材、科普读物，将中小学各学科课程中与中医相关的内容编入教材，特别是中医药文化知识，对中小学生的文化认同能力具有显著的作用。但是，中医药文化内容的选择要有所甄别，首先要选取有利于提高学生健康意识的内容，其次要选择趣味性强的内容以培养学生对中医药文化的兴趣，最后还要考虑选择贴近生活的知识，只有这样的中医药知识，才能将校园与生活连接，才能将中医药文化落实到学生的思维中。

### （四）加强各机构间的交流学习

中医药文化进中小学校园，未来将成为我国中医药普及的重要内容之一。由于地区间存在差异性，学校间落实情况不一，内容选择、活动形式等方面各有不同。因此，加强各机构之间的交流，有利于促进中小学中医药普及工作的进行与发展。2017 年 2 月 14 日，在中国人民大学附属中学召开了由创新人才教育研究会、中国妇幼保健协会主办，创新方法研究会、北京中医药大学、中国人民大学附属中学、中国人民大学附属中学联合学校总校协办的“中医药文化进校园”校长研讨会。[7]该会即是现在为数不多的“中医药文化进校园”学术研讨会。这类研讨会的召开，应当在整个学术界增加，对中医药文化进校园工作将极为有益。

中医药文化走进中小学校园，是中医药文化传播的重中之重，也是加强民族文化自信的有效途径，更是实现中华民族伟大复兴的有力举措。虽然目前这项工作开展得还不够成熟，但其前途不可限量，未来还有诸多工作要做。因此，希望本文能够抛砖引玉，对面向中小学生的中医药文化传播工作有所裨益。

## 参考文献

[1] 中医药发展战略规划纲要(2016—2030)[EB/OL]. http://www.gov.cn/zhengce/content/2016-02/26/content_5046678.htm[2017-02-15].

[2] 四川省中医药条例[N]. 四川日报,2009-12-07(B03).

[3] 张亚斌,蔡子鹤. 中医文化与医学院校人文素质教育[J]. 医学与社会,2010,23(10):100-101.

[4] 卢颖,张媛,付爱珍. 青少年对中医药认知度的调查与分析[J]. 中医教育,2011,30(04):11-13.

[5] 梅松政. 让中小学校医成中医药宣传员[N]. 中国中医药报,2016-05-27(003).

[6] 李杨,文娟,建宇,等. 中医药知识应进中小学教材[J]. 中国中医药现代远程教育,2010,8(08):32.

[6] 陶雨晨,郭燕玲,王子昕,等. 小学中医药启蒙教育浅探[J]. 内蒙古中医药,2017,36(13):149-150.

[7] “中医药文化进校园”校长研讨会[J]. 创新人才教育,2017,(01):97.

(本文原刊于《西江文艺》,2017 年第 11 期)

# 中医药文化在天津国际学校学生及外教中的认知调查分析

李兰兰 谭秀敏

作为独具中国特色的卫生资源、经济资源、科技资源、文化资源和重要的生态资源,中医药文化是中华民族的一张重要的文化名片,具有神奇的凝聚力和无形的吸引力,在我国人民的经济、文化和社会生活中发挥着不可替代的作用。千百年来,中医药为维护中华儿女的身心健康做出了突出的贡献。中医药文化属于中国人民,也会为世界人民的健康提供坚实的保障。中医药文化必将走出中国,走上世界的舞台。近年来,中医药文化国际传播面临着前所未有的新形势。

## 一、中医药文化国际传播面临新机遇

近年来,随着国家对中医药的重视程度不断加强,中医药文化的影响力越来越大,中医药文化国际传播的条件也越来越完善,具体分析如下。

### (一)国家政策提供利好支持

2015 年 3 月 28 日,以国家发改委、外交部、商务部联合发布的《推动共建丝绸之路经济带和 21 世纪海上丝绸之路的愿景与行动》为标志,“一带一路”倡议正式启动。2016 年 2 月,国务院发布了《中医药发展战略规划纲要(2016—2030 年)》,2016 年 12 月,《中华人民共和国中医药法》颁布,2017 年 7 月开始实施,标志着中医药发展成为国家战略,中医药进入全面发展新时代。2017 年 10 月,十九大报告做出“坚持中西医并重,传承发展中医药事业”的重要部署,充分体现了国家对中医药发展的高度重视。这些纲领性文件的颁布,为中医药文化的传播指明了方向,为中医药文化的国际交流与合作保驾护航。

### (二)具备良好的传播条件

一般来说,传播主体、传播内容、传播手段、传播受众及传播效果是传播过程中

---

作者简介:李兰兰,天津中医药大学,讲师。

谭秀敏,天津中医药大学,讲师。

必不可少的5个方面,中医药文化的国际传播也不例外。中医药文化国际传播总体上环境比较严峻。一系列纲领性指导文件的颁布成为了中医药文化国际传播强有力的后盾,提供了稳妥的政策支持。有着几千年历史的中医药文化从多方面体现着中华民族的精神,它属于应用科学,但也思考生命与自然,又考虑精神层面,为中医药文化的国际传播提供了无尽的资源。在“互联网+”时代,中医药跨文化传播活动更加便捷、平等,传播手段更加灵活多样。近年来,国际上不止一次地掀起学习中医的热潮。由此说明,中医药文化国际传播效果不错,取得了不错的成绩。

### (三)“一带一路”倡议及中医文化的国际影响力不断增强

几千年来,中医药文化在防治疾病,维护健康方面取得的显著效果成为其国际影响力的主要来源。相关报道显示,目前,中医药现已传播到世界上183个国家和地区,中医药产品和服务已经遍布全球170多个国家,并被一些国家纳入医疗保健体系。海外中医医疗机构接近10万家,中国与外国政府及有关国际组织签署中医药合作协议83个。全世界(中国大陆除外)受过培训的中医药人员约50多万名,中医教学机构1500多所,这一连串数字足以说明中医在海外的传播力度和成果。2015年,屠呦呦获得诺贝尔奖,又一次向全世界展现了中医药文化的魅力。

## 二、中医药文化国际传播在津国际学校认知调查

为了了解目前中医药文化国际传播的现状,本研究以中医药文化在天津国际学校(院)的传播为研究对象,以电话调查、发放问卷和座谈的方法,对在天津学习的国际学生和在国际学校任职的外籍教师做了调查。在天津学习的国际学生在自己的国家出生长大,对中医药文化在其本国的传播现状有最直接的体验和感受。通过他们,调查中医药文化在国外的传播现状,能获得最真实、最新鲜的一手资料。

### (一)调查的基本情况

通过问卷调查在津国际学生对中医药文化的了解情况,访谈国际学校外籍教师对中医药文化的了解情况,在两所国际学校举行了中医药文化宣讲和体验活动。调查结束后,整理并分析了问卷和访谈内容,了解了中医药文化国际传播的现状,

发现了中医药文化国际传播中存在的问题，并提出了相应对策。

### （二）问卷调查国际学生

项目组成员先通过打电话的方式逐个联系在津国际学校，寻找有合作意愿的学校，最终确定参与调查的学校有 3 所。项目组共发放问卷 400 份，收回有效问卷 344 份，其中参与调查的国际学生共 288 人、外籍教师 56 人。被调查者来自美国、英国、德国、澳大利亚、印度、墨西哥、加拿大、巴西、韩国、日本、加纳、南非等近 20 个国家和地区。参与调查的学生最小的 9 岁，最大的 26 岁，涵盖了小学、初中、高中和大学学生。问卷内容包括中医药文化传播在被调查人国家的传播现状、问题和途径，人们对中医药文化的态度和感兴趣程度、了解程度和中医药体验等方面。

### （三）访谈国际学校外籍教师

项目组成员共访谈在国际学校（院）任职的外籍教师 56 名，他们分别来自英国、阿根廷、加拿大、南非、韩国、印度、俄罗斯、美国、哥伦比亚、巴西等 10 多个国家和地区。访谈的问题包括：中医药文化传播在您的国家的现状如何？在您的国家，如果有人想了解中医药文化知识，可以通过什么样的途径？您认为中医药文化传播在您的国家存在什么问题？如果您有机会了解中医药文化，您想了解哪方面的内容？请对中医药文化在您的国家的传播提出宝贵意见。参与访谈的教师认真地回答了所有访谈问题，并对中医药文化国际传播提出了很多具有建设性的建议。

### （四）调查结果及分析

通过问卷调查和访谈外教，项目组发现，海外公众对中医的了解并不深入，认同感也比较低。项目组在调查问卷中，设置了一个关于“据你所知，你们国家的人对中医药文化的态度如何”的问题，统计结果（见图 8 - 1）表明，可以接受中医药文化的理念，支持中医药文化的人不足一半，占 43.6%，其中支持中医药文化的人占总人数的 20.93%，比较支持的人占 22.67%，有三分之一（33.13%）的人对中医药文化持中立态度，更有 23.24% 的人对中医药文化持怀疑、否定态度。

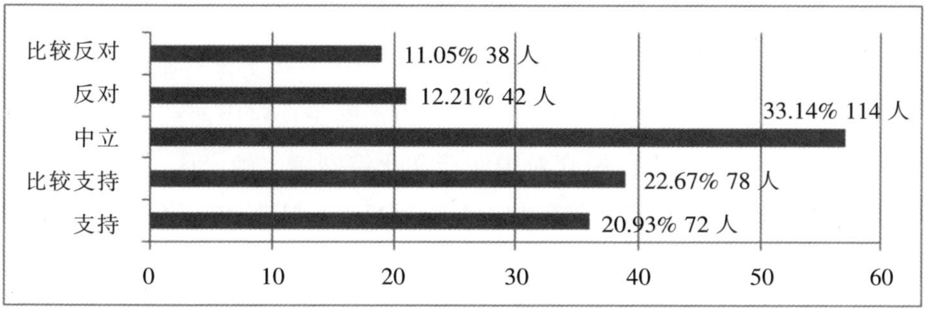


图 8-1 对中医药文化的态度调查

中医药文化与西方文化体系存在极大的不同,这也是其他文化的人很难接受并理解中医药文化的重要原因之一。了解是接受的前提,在前进中开放地展示自我,接纳其他文化是中医药文化发展过程中的必经阶段。分析问卷结果我们发现,近年来,中医药文化的国际传播使得中医药文化在国际上产生了较大的影响力。参与调查的 344 人中有 116 人(33.72%)认为在他们的国家中医药文化的传播很常见,人们想得到中医治疗很方便。但与此同时,调查结果也显示(见图 8-2),47.67%的被调查者(164 人)认为中医在本国处于从属地位,中医治疗只是西医治疗的补充。认为中医在本国比较流行,人们的认可度很高的被调查者只有 11.62%(40 人)。更有 40.70%的人认为在他们的国家人们不相信中医,如果身体不适,绝对不会去看中医。值得指出的是,把中医治疗作为第一选择的 40 人中,有 28 位来自韩国,12 位来自日本。早在公元前 1 世纪,中国医学就开始传入朝鲜[1],而中国医药与日本的交流可以追溯到公元 5 世纪前后。可见,长期的文化交流使得中医在韩国和日本的地位要远远高于中医在其他国家的地位。

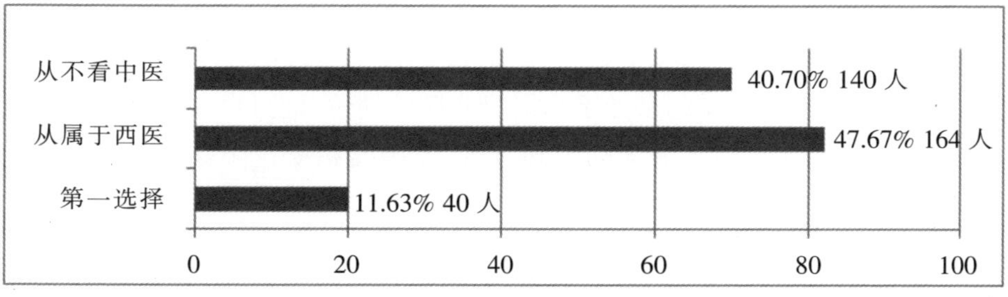


图 8-2 关于中医地位的调查

事实上,相信中医的很多人把中医等同于用中医治病,他们并不了解中医药文化。那么,他们是否有兴趣了解中医药文化呢?对中医药文化兴趣度的调查(见图8-3)发现,44.57%的被调查者(156人)认为本国民众对中医药文化很感兴趣,4.65%的人(16人)认为本国民众对中医药文化特别感兴趣。认为本国民众对中医药文化不太感兴趣的被调查者有142人(41.27%),还有30人(8.72%)认为本国民众对中医药文化完全不感兴趣。认为本国民众对中医药文化感兴趣和不太感兴趣的被调查者的人数基本一样。认为本国民众对中医药文化很感兴趣的156位被调查者中,有42人来自英国,36人来自美国,14人来自德国,22人来自印度,20人来自加拿大,12人来自巴西,10人来自澳大利亚。认为本国民众对中医药文化不太感兴趣的142位被调查者中,有26人来自英国,40人来自美国,28人来自德国,20人来自印度,12人来自加拿大,16人来自韩国。对中医药文化的兴趣度调查表明,对中医药文化是否感兴趣与所在区域有直接的联系。如认为本国民众对中医药文化特别感兴趣的16位被调查者中,有10位来自南非。这很大程度上得益于南非政府对中医药的重视。2000年,南非政府通过法律程序确认包括中医针灸在内的补充医疗的合法地位,并于2011年将中医正式纳入南非医疗体系[2]。

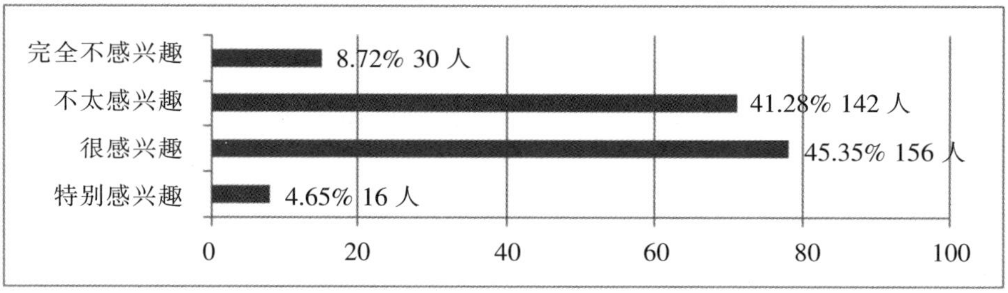


**图8-3 对中医药文化兴趣度的调查**

可见,在西方国家,人们对中医药文化的认同度不高,中医药文化国际传播还有很长的路要走,中医主要还是处于从属于西医的地位,而且他们对中医药文化也并不太感兴趣。而在中国的近邻韩国和日本,对中医药文化的认同度明显高于其他国家。

## 三、中医药文化国际传播中存在的问题

在问卷和访谈中还设计了关于了解中医药文化的方式、是否曾经接受过中医

药治疗、接受治疗的情况以及中医药合法化的问题，通过统计和分析调查结果发现，中医药文化在国际传播过程中存在以下问题。

第一，虽然中医药文化国际传播取得了一些成绩，相关项目活动也很多，但是各自为战，路径狭窄，没有形成合力。调查问卷显示，熟人介绍是被调查者了解中医药文化的最重要途径，50.58%的被调查者(174人)通过认识的人了解中医；排在第二位的是电视，22.61%的人是通过看电视了解中医的。熟人介绍是了解中医药文化的最重要途径，这表明海外中医药文化传播大多通过认识的人彼此介绍，这种传播只是小范围人群中的信息共享，不能在短时间内影响庞杂的受众。在中医的大众传播中，人们能见到的也只是一些中医经典译本(包括电子书)，传播中医药文化的网络作品比较少见，内容简单的读物也并未普及[3]。大众传播的缺位使得中医药文化在海外的影响力不大。可见，在中医药文化的国际传播中，传播手段相对较少，寻找更多途径、做到传播方式多样化是中医药界共同努力的方向。

第二，虽然中医药在国内外掀起了“传播热潮”，但针灸推拿往往是中医药的代名词，被传播的中医药不是以文化的形态进行对外传播的。调查显示，共有70.34%(242人)的被调查者接受过中医的治疗，接受按摩和针灸的人数最多，共有160人，占总人数的66.11%，其次，接受中草药治疗的人数占41.86%(144人)。事实上，在中医药文化国际传播中，传播出去的大多是简单的中医药学科知识，包括一些实际的操作和应用，中医药的理论和文化内涵没有得到有效的挖掘、交流和传播。事实上，被调查者希望了解中医药文化知识。问卷调查显示，49.41%(170人)的被调查者希望了解中医健康保健方面的知识，26.74%(92人)的被调查者想了解中草药知识，有18.02%(62人)的被调查者想了解中医的基本理论。

中医药合法化的问题在国际上并没有得到彻底的解决。在182位(52.9%)没有接受过中医治疗的被调查者中，因为不了解中医而没有接受过中医治疗的人占56.04%(102人)，因为没有合法途径获得中医治疗的有44人(22.47%)。在国际上，中医药的身份略显尴尬，很多现象的存在直接制约并阻碍了中医药文化在国际的传播与发展，如很多中医医生处方权有限，手术的范围和条件也被严格限定，很多中药的安全性得不到信任等。调查显示，23.8%(82人)的被调查者认为在他们的国家中医药文化的传播并不普遍，他们身边了解中医药文化的人并不多。20.93%的被调查者(72人)认为中医药文化传播活动在他们的国家非常罕见，更有

15.69%的被调查者(54人)在他们的国家从来没有听说过中医药文化,不知道中医是什么。

第三,中医翻译问题直接影响中医药文化国际传播的进程。项目组在调查过程中发现,有的被调查者知道 zhēnjiǔ,却不知道 acupuncture and moxibustion。同一个词语,有时甚至对应三个不同的表达。此外,还存在一些错译误译,这严重影响了中医药文化的推广和传播,滞缓了中医药走向世界的步伐。此外,中医古典医籍超过千部,但被完整翻译的医籍只有20本左右,并不能完整地体现拥有数千年历史的中医文化[4]。

第四,中医药文化国际传播人才严重不足。通中医、晓外语、熟悉传播学是中医药文化国际传播人才必备的三项基本技能。一个真正的中医药文化国际传播人才必定是精通中医药文化知识,外语水平过硬,通晓跨文化传播知识,领会文化外交知识,了解对象国国情、文化和民族性格的[5]。近年来,我国高等院校培养了大批中医药人才,但是中医药文化国际传播所需要的复合型人才却十分短缺。本项目组需要找到既懂中医药专业知识、英语语言水平又高的学生访谈外教,结果发现,两方面素质同时具备的学生比较少。

## 四、中医药文化国际传播的对策

第一,政府支持是中医药文化国际传播的先决条件。如今,我国政府在政策上肯定了中医药文化的战略意义,给中医药文化国际传播的活动也提供了大力支持。但是,每个国家的文化传统各具特色,若没有政府出面提供支持,中医药文化传播难度较大。政府出面可以为中医药文化国际传播扫清障碍,还可以争取到相关国家在政策和法律层面的支持,为中医药文化国际传播创造天时、地利、人和的条件和时机。

第二,创新中医药文化国际传播的方式。首先,调查结果显示,48.25%的被调查者认为互联网是获得中医药文化最便捷的方式。中医药文化国际传播要重视大众传播手段,使网络、电视、期刊、宣传手册等常见传播媒介成为大众传播的主要手段,保证传播速度快、效果好、覆盖面广。其次,充分利用新兴媒体平台如微信、QQ、微博等,还有国外的社交网站,如 Facebook、Twitter 等。这些社交媒体具有原创、即时、便捷等特点,方便使用,也易于被人们接受。此外,还可以用好孔子学院和其他中外合作交流中心的平台,抓住每一个机会,在每一场国际交流活动中,如电影节、艺术节、电视周、图书展和宣传月等,融入中医药文化元素,使中医药文化借助国际文化交流的快车，加速在国际上的传播。

第三，重视和发展中医翻译。中医药知识和理论与其他文化的不同，根源于中医药知识和理论，植根于中国古汉语的文字结构，而汉语语言结构同其他国家和地区的语言迥然不同，所以在中医里的常见表达在其他语言中几乎找不到完全对应的译文[6]。从事中医翻译的译者固然肩负着把中国传统的中医药文化以真实准确的本来面貌推向世界的使命，但是，中医药文化国际传播的现状使得译者在翻译过程中必然要考虑目标语读者的文化接受度，有时不得不牺牲原文中蕴含的部分文化色彩，以传达原文的本义为重。也就是说，考虑到中医药文化国际传播的现状，中医译者们应该以读者为重，以文化传播为首要任务。

第四，培养中医药文化国际传播人才。语言交流是中医药文化国际传播的首要手段。双语课、小语种或多语种中医课程应成为中医药专业学生的常设课程，还应该增加中医药传统文化相关课程的学分比例，开设中医药文化传播相关课程，培养学生传播学专业的相关素养，造就合格的中医药文化国际传播人才。此外，联合办学也是培养中医药文化国际传播复合人才的重要途径，国内高校可以主动与国外高校或国外相关团体合作，共同培养人才。

第五，大力发展中医药文化产业。调查发现，49.41%（170 人）的被调查者希望了解中医健康保健方面的知识。可以把中医药文化融入文化艺术作品，使之完美结合，如可以通过优秀的影视作品传播中医健康保健知识。流行的影视作品特别容易被大众接受，可以通过潜移默化的方式让人们接受和认可中医药文化，达到传播的目的。

第六，重视海外中医人的力量。在海外从事中医药活动的中医人是中医药文化国际传播的重要力量。随着国际交流的日渐频繁、中医药院校国际化人才目标的强化，很多中医药人才走出国门，同时他们也把中医药文化的火种带出了国门。此外，海外中医人更熟悉当地的文化、经济、政府决策方式等，这不但加速了中外医学文化适应，还促进了中医药文化在当地从无到有、从区域性向全国性的传播。国内中医药领域相关部门应该重视他们的力量，以政府机构或民间组织的形式，把他们联合起来，让其成为海外助推中医药文化传播的重要动力。

## 五、结束语

新形势下，中医药文化国际传播具备了国际支持、传播环境良好的客观优势，但是，调查发现，中医药文化国际传播的路径相对较少，要创新路径，重视大众传播媒体的重要作用。此外，中医经典作品的翻译数量还需提高，中医药文化传播人才的培养也应得到进一步的重视。随着中医药文化国际传播的不断深入和成熟，中医药文化的地位必将得到更多人的重视，也必将影响更多人的生活和健康。

## 参考目录

[1] 周彭. 由“韩医申遗成功”引发的再思考[J]. 亚太传统医药,2010,6(1).

[2] 伊佳. 中医中药造福非洲人民[N]. 国际商报. 2016－12－5(02).

[3] 张其成. 中医文化海外传播应纳入国家战略[N]. 光明日报. 2015－4－1(05).

[4] 徐永红. 中医药文化对外传播的现实写照[J]. 中医药管理杂志. 2015,23(3).

[5] 李玫姬. “一带一路”倡议背景下中医药文化国际传播的机遇、挑战与对策[J]. 学术论坛. 2016,4(303).

[6] 李琳. 关于中医药文化海外传播的思考[N]. 光明日报. 2015－3－21(10).

（本文原刊于《湖南》,2018 年第 10 期）

## 进校园活动启动

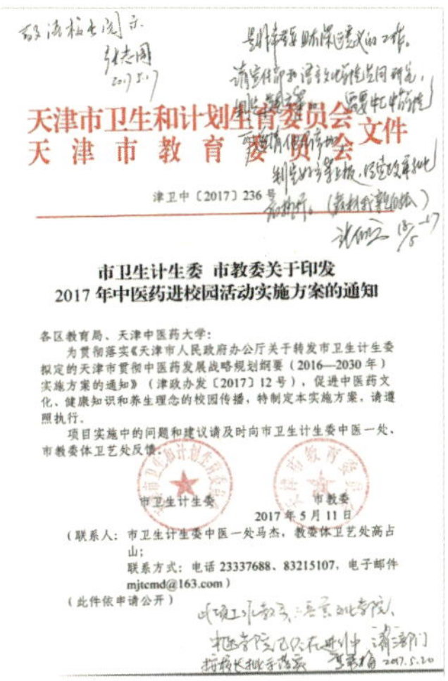
天津市卫生和计划生育委员会
天 津 市 教 育 委 员 会 文件

津卫中〔2017〕236 号

市卫生计生委 市教委关于印发
2017 年中医药进校园活动实施方案的通知

各区教育局、天津中医药大学：

为贯彻落实《天津市人民政府办公厅关于转发市卫生计生委拟定的天津市贯彻中医药发展战略规划纲要（2016—2030 年）实施方案的通知》（津政办发〔2017〕12 号），促进中医药文化、健康知识和养生理念的校园传播，特制定本实施方案，请遵照执行。

项目实施中的问题和建议请及时向市卫生计生委中医一处、市教委体卫艺处反馈。

市卫生计生委　　市教委

2017 年 5 月 11 日

（联系人：市卫生计生委中医一处马杰，教委体卫艺处高占山；
联系方式：电话 23337688、83215107，电子邮件 mjtcmd@163.com）

（此件依申请公开）

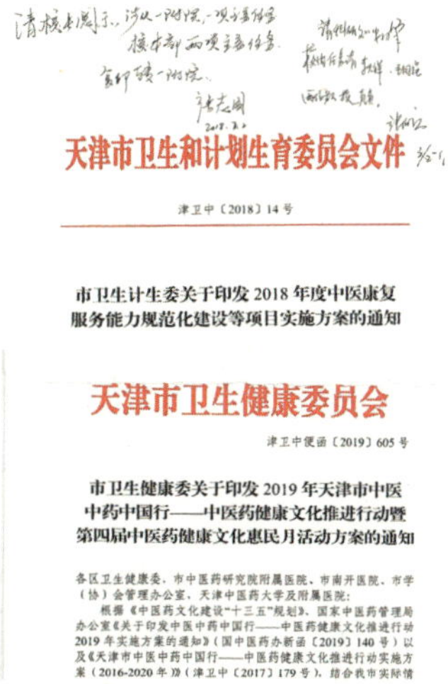
天津市卫生和计划生育委员会文件

津卫中〔2018〕14 号

市卫生计生委关于印发 2018 年度中医康复服务能力规范化建设等项目实施方案的通知

天津市卫生健康委员会

津卫中便函〔2019〕605 号

市卫生健康委关于印发 2019 年天津市中医中药中国行——中医药健康文化推进行动暨第四届中医药健康文化惠民月活动方案的通知

各区卫生健康委、市中医药研究院附属医院、市南开医院、市学（协）会管理办公室、天津中医药大学及附属医院：

根据《中医药文化建设"十三五"规划》、国家中医药管理局办公室《关于印发中医中药中国行——中医药健康文化推进行动 2019 年实施方案的通知》（国中医药办新函〔2019〕140 号）以及《天津市中医中药中国行——中医药健康文化推进行动实施方案（2016-2020 年）》（津卫中〔2017〕179 号），结合我市实际情

2017—2019 年，天津中医药大学连续 3 年获得天津市卫健委中医药文化进校园项目立项资助。2017 至 2020 年，项目组连续 4 年开展中医药文化进校园研究与实践，取得诸多成果。

2017 年 5 月，中医药文化进校园项目在和平区万全小学举行启动仪式

2019 年 6 月，天津市第二批中医药文化进校园试点校确认仪式在和平区教育局举行，项目组负责人为天津一中、和平区中心小学、鞍山道小学等 5 所学校代表颁发证书

# 天津中医药大学

## 张伯礼院士给天津市中医药文化试点校同学的回信

亲爱的和平区万全小学、万全二小、河东区互助道小学的同学们：

你们好！

今年4月中旬，我刚刚从武汉回到天津医学观察期间，收到了你们给我的600多封（个）来信、画作和祝福的视频，信中充满的童真话语，你们为我画的头像生动又传神，以及在视频中的祝福，这些都让我很感动，谢谢小朋友们的关心！

在这次新冠肺炎疫情中，在党中央英明指挥下，全国人民团结一致齐心协力打了一场漂亮的阻击战！中医药早期介入，全程参与，为战胜疫情做出了贡献。在你们的来信中，提到对中医文化有兴趣，这让我感到很高兴。中医药是我国优秀文化宝库中的瑰宝，蕴含着中华民族几千年来的智慧。中医药文化需要一代又一代人传承发展，得知你们都是天津中医药大学中医药文化进校园试点校的学生，也参加了一些中医药文化知识素拓课的学习、活动，这很好。希望你们今后在课余时间深入学习中医药知识与文化，弘扬中医药文化。学习中医药，还能够强身健体、陶冶情操，这将会让你们受益终身。

天津中医药大学新校区的校园是一个大花园，非常美丽，湖水荡漾，绿树成荫，景色怡人。校园中有一座药山，种植着400多种中草药，花红柳绿，药香浓郁。欢迎同学们在疫情结束之后来参观天津中医药植物园，亲身感受这里的中医药文化氛围。

值此"六一"儿童节，我祝你们节日快乐！希望你们快乐学习、团结友爱，茁壮成长！将来成为对国家和社会有益的人才，做合格的社会主义接班人！

张伯礼

2020年6月1日

**2020年全国发生新冠疫情，中医药在抗疫中发挥了重要作用。中医药文化进校园项目组面向中医药文化进校园试点校策划组织了"向抗疫英雄学习 向张爷爷说句心里话，画一幅画，录一段祝福视频"活动，得到学生热烈响应。张伯礼院士欣然给学生们回信。（注：此回信在正文中有修改）**

小学生给张伯礼爷爷画的画

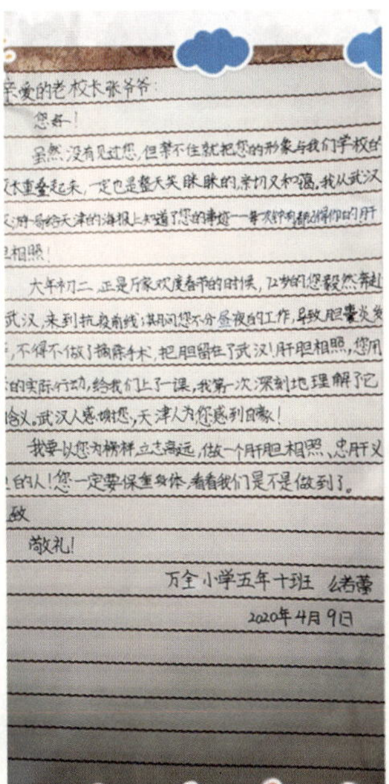

亲爱的老校长张爷爷：

您好！

虽然没有见过您，但禁不住就把您的形象与我们学校的校长重叠起来，一定也是整天笑眯眯的，亲切又和蔼。我从武汉[illegible]给天津的海报上知道了您的事迹[illegible]肝胆相照！

大年初二，正是万家欢度春节的时候，72岁的您毅然奔赴武汉，来到抗疫前线；期间您不分昼夜的工作，导致胆囊炎发作，不得不做了摘除手术，把胆留在了武汉！肝胆相照，您用实际行动，给我们上了一课，我第一次深刻地理解了它的含义。武汉人感谢您，天津人为您感到自豪！

我要以您为榜样，立志高远，做一个肝胆相照、忠肝义胆的人！您一定要保重身体，看看我们是不是做到了。

此致

敬礼！

万全小学五年十班 [illegible]

2020年4月9日

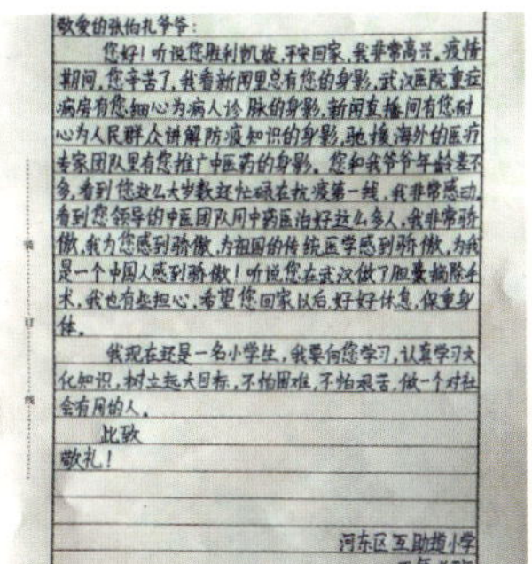

敬爱的张伯礼爷爷：

您好！听说您胜利凯旋，平安回家，我非常高兴。疫情期间，您辛苦了，我看新闻里总有您的身影，武汉医院重症病房有您细心为病人诊脉的身影，新闻直播间有您耐心为人民群众讲解防疫知识的身影，驰援海外的医疗专家团队里有您推广中医药的身影。您和我爷爷年龄差不多，看到您这么大岁数还忙碌在抗疫第一线，我非常感动。看到您领导的中医团队用中药医治好这么多人，我非常骄傲，我为您感到骄傲，为祖国的传统医学感到骄傲，为我是一个中国人感到骄傲！听说您在武汉做了胆囊摘除手术，我也有些担心，希望您回家以后，好好休息，保重身体。

我现在还是一名小学生，我要向您学习，认真学习文化知识，树立远大目标，不怕困难，不怕艰苦，做一个对社会有用的人。

比致

敬礼！

河东区互助道小学

五年七班

梁天宁

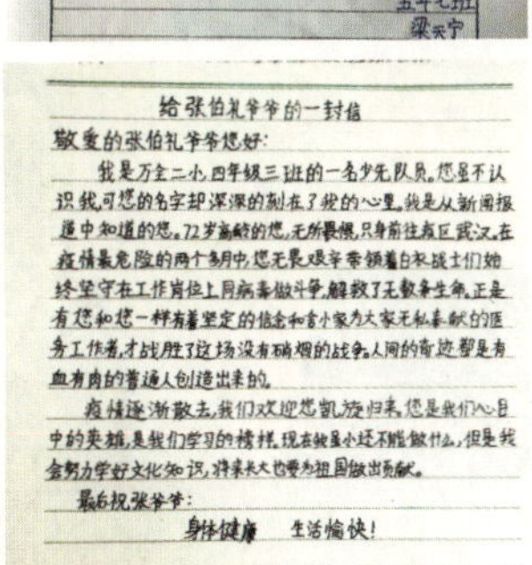

给张伯礼爷爷的一封信

敬爱的张伯礼爷爷您好：

我是万全二小四年级三班的一名少先队员。您虽不认识我，可您的名字却深深的刻在了我的心里。我是从新闻报道中知道的您。72岁高龄的您，无所畏惧，只身前往疫区武汉。在疫情最危险的两个多月中，您无畏艰辛带领着白衣战士们始终坚守在工作岗位上同病毒做斗争，解救了无数条生命。正是有您和您一样有着坚定的信念和舍小家为大家无私奉献的医务工作者，才战胜了这场没有硝烟的战争。人间的奇迹都是有血有肉的普通人创造出来的。

疫情逐渐散去，我们欢迎您凯旋归来。您是我们心目中的英雄，是我们学习的榜样。现在我虽小还不能做什么，但是我会努力学好文化知识，将来长大也要为祖国做出贡献。

最后祝张爷爷：

身体健康　生活愉快！

学生：吴悦瑄

2020年4月11日

小学生给张伯礼爷爷写的信

2020 年 10 月，张伯礼院士应邀在天津市第一中学为师生开展“抗‘疫’精神和文化自信”讲座

2019 年 6 月，石学敏院士为和平区中小学师生做“中医养生与防病”讲座

天津中医药大学教师走进幼儿园宣讲：项目组在南开五幼举办幼儿识别中草药专场

天津中医药大学宣讲团队走进小学宣讲

天津中医药大学宣讲团队走进中学宣讲

陪同张伯礼院士赴武汉抗“疫”的天津中医药大学黄明博士 2019 年 9 月到和平区万全第二小学开展中医知识宣讲

天津市卫健委健康大讲堂专家团队进小学宣讲

天津市卫健委健康大讲堂专家团队进中学宣讲

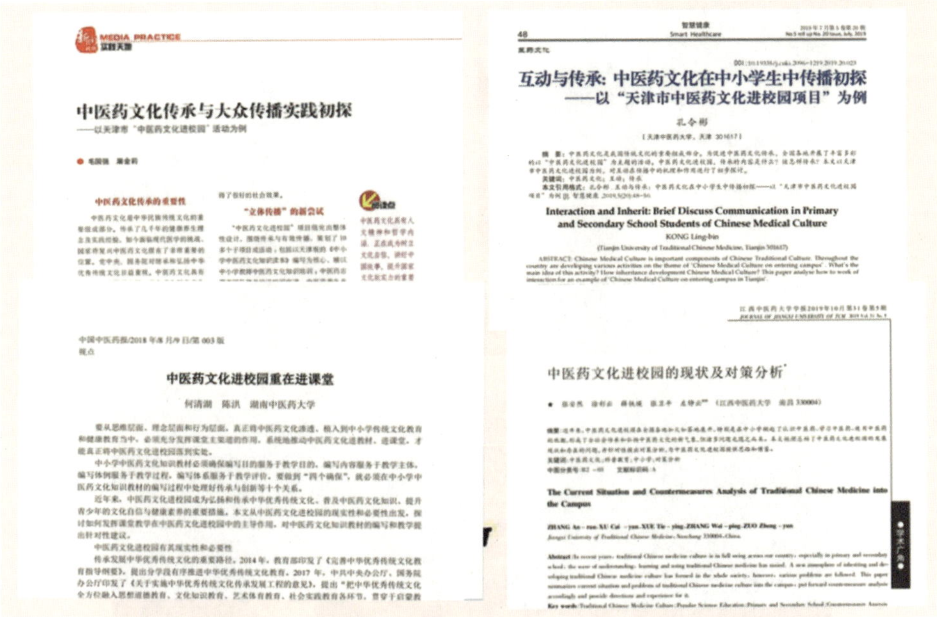


中医药文化进校园相关论文成果

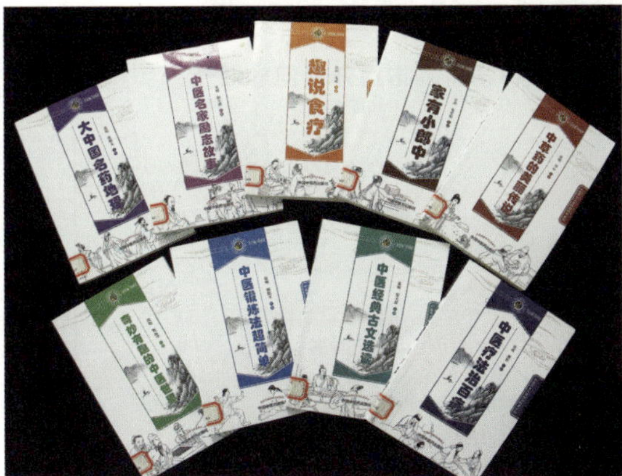

全国各地编写的中医药文化知识读本

## 开展天津市中小学生中医药文化认知调查

2017 年项目组联合《今晚报》面向天津市中小学生及市民开展问卷调查

2017 年 6 月 19 日《今晚报》整版刊发调查结果

2020 年 9 月，天津中医药大学文化与健康传播学院与和平区万全第二小学签定合作共建协议

静海区大丰堆小学到天津中医药大学参观实践

## 中医药文化体验“小记者”夏令营

参观京万红乐家老铺药酒工坊

孩子们亲手制作中药药囊

中医药文化体验“小记者”夏令营

孩子们在天津中医药大学中草药植物园认识中草药

“小记者”们聆听中医药知识讲座

2017 年 12 月，项目组与试点校师生举办传统文化音乐朗诵会

2019 年 11 月，项目组在乐家老铺药酒工坊举办周末营

## 《中医药文化精选读本》编写

2017 年 6 月 9 日，召开第一轮《读本》编写研讨会

2017 年 11 月 17 日，召开第二轮《读本》编写研讨会

2018 年 1 月 30 日，张伯礼院士主持第三轮《读本》编写研讨会

2018 年 6 月 5 日，编委会召开第四轮《读本》编写研讨会

《中医药文化精选读本》发放

《中医药文化精选读本》(小学版)(中学版)于2019年7月出版

2020年10月，张伯礼院士向天津市第一中学师生赠送中医药文化书籍

向和平万全小学赠书

向和平万全第二小学赠书

向红桥区求实小学赠书

向静海区大丰堆小学赠书

向西青区霍元甲文武学校赠书

向民族中学赠书

在天士力医药集团为试点校小学生赠书

项目组老师向日本神户东洋医疗学院孔子课堂赠书

由中医药文化研究与传播中心设计制作的笔记本、书签、笔筒、中药扑克、养生台历等中医药文化主题文创品

为中小学生和市民发放中医养生台历

为试点校师生发放中医药文化主题文创宣传品

为天津中医药大学留学生发放中医养生台历

与《今晚报》合作推出中医药文化专刊,在中小学开展宣传

中老年时报

ZHONGLAONIANSHIBAO

2018年2月5日星期一

中国工程院院士、天津中医药大学校长张伯礼谈养生

# 节气养生利健康 春季保健当有方

2018年中央一号文件公布 全面部署实施乡村振兴战略

为老年重点优抚对象订时报

轻轨暖冬行动保春节出行

津城全国名中医 中医名家谈节气养生

全国名中医张伯礼院士

中老年时报 2018年11月7日 星期三 颐寿 ·5·

喝牛奶减轻化疗副作用

拔罐养生 排毒通便(一)

# 顺势致藏去寒就温 恭维鞠养先天之本

——张大宁教授谈立冬养生

中医名家谈节气养生

国医大师张大宁

中老年时报 2020年5月5日 星期二 颐寿 ·3·

# 温阳养血 健脾除湿

立夏时节谈妇科疾病的预防

中医名家谈节气防病

与《中老年时报》合作推出“中医名家谈节气养生与防病”专栏

8 中国中医药报 2019年10月14日 星期一

中医文化

开栏的话：《中华人民共和国非物质文化遗产法》规定，非物质文化遗产是指各族人民世代相传并视为其文化遗产组成部分的各种传统文化表现形式，以及与传统文化表现形式相关的实物和场所。我国非遗众多，中医药是重要类别之一，全国各地有各具特色的非遗项目和代表性传承人。在天津中医药大学和天津市非遗保护协会的大力支持下，现开设《天津市中医药非遗项目展示》栏目，旨在挖掘中医药非遗项目的精华和价值，促进其传承、传播和发展。

## 让中医药非遗项目“活起来”

中国工程院院士 天津中医药大学校长 张伯礼

## “传承好针灸是我永恒的责任”

——访国家级非物质文化遗产代表性项目代表性传承人石学敏院士

医者师也桃李满天

投身杏林矢志不渝

寻规定标传承有序

采采卷耳

李鼎铭当年行过医

8 中国中医药报 2019年10月24日 星期四

中医文化

## 传承中医药国粹是医者责任

——访国家级非物质文化遗产代表性项目代表性传承人吴咸中院士

中医与生活

以简取胜的“灶台羊肉”

痛风可致股骨头坏死

十五、腰椎间盘突出的运动疗法

## 倾情传承闻药文化

——访国家级非物质文化遗产益德成闻药第六代传人马卫东

津沽中医药非遗

分别与《中国中医药报》和《中老年时报》合作推出“天津中医药非遗项目展示”专栏

天津启动“中医药文化知识”进校园活动

新华社、今晚网报道

渤海早报

天津多举措力促跨境电商提速发展

津首家中医药文化研究与传播中心成立

今晚网、渤海早报报道

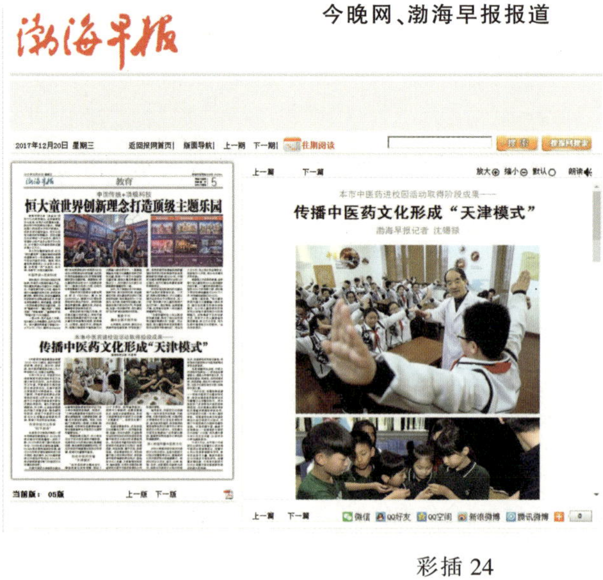

渤海早报

2017年12月20日 星期三

恒大童世界创新理念打造顶级主题乐园

本市中医药进校园活动取得阶段成果——

传播中医药文化形成“天津模式”

渤海早报记者 沈穗猷

渤海早报报道